따라만 해도 기도가 열리는

따라 하는 기도
365

장재기 지음

따라만 해도 기도가 열리고
하루를 살아갈 힘을 얻는
영적 만나의 시간

규장

_____님

주님과 친밀한 사이가 되고
마음속 깊은 얘기를
기도로 터놓고 싶은
당신의 소망이 이루어지는
행복한 한 해가 되기를
축복합니다!

12.31

위대하신 하나님,
지난 한 해
주님의 은혜 없이 산 날이
단 하루도 없었습니다.
제 삶에 허락하신 수많은
기적 같은 은혜에
감사드립니다.

<hr />

*

시 86:10
무릇 주는 위대하사 기이한 일들을 행하시오니 주만이 하나님이시니이다

따라만 해도 기도가 열리는

따라 하는 기도
365

장재기 지음

따라만 해도 기도가 열리고
하루를 살아갈 힘을 얻는
영적 만나의 시간

규장

삶을 바꾸는 1분의 변화

습관이 바뀌면 인생은 달라집니다. 1분은 매우 짧아 보이지만, 하나님과 함께하는 1분이라면 삶을 바꾸기에 충분한 시간입니다.

하나님의 말씀에 뿌리를 두고 삶의 다양한 문제에 공감하는 이 《따라 하는 기도 365》의 기도문을 따라 하면서 자신을 돌아보게 되고, 주님의 약속에서 새로운 힘을 얻기도 할 것입니다. 이미 수많은 성도가 기도를 따라 하면서 변화하는 것을 보았습니다. 당신의 삶도 변화될 수 있습니다.

이제 매일 주님과 함께하는 기도 여정을 시작하세요. 작은 변화가 위대합니다. 하루 1분, 기도를 따라 하기만 해도 기도가 열리고 삶의 문이 활짝 열리는 것을 경험할 것입니다.

주님과 함께하는 짧은 만남을 통해 하루를 살아갈 힘과 용기를 얻고 주님을 더욱 사랑하게 될 당신의 모습이 기대됩니다. 이 시간이 당신의 영적 여정에 등불이 되어 주님께서 준비하신 풍성한 삶을 발견하게 되기를 기도합니다.

기도의 동역자 장재기 목사

12.30

크고 놀라우신 하나님,
주님은 상황을 뛰어넘어 역사하시며
능치 못할 일이 전혀 없으십니다.
주님께서 함께하시기에
오늘도 넉넉하게 이겨낼 것입니다.
거친 파도도 뚫고 나갈 것입니다.
아무리 길이 험하고 어두워도
빛 되신 주님께서 함께하시니
거침없이 나아가겠습니다.

✳

시 89:15

즐겁게 소리칠 줄 아는 백성은 복이 있나니
여호와여 그들이 주의 얼굴빛 안에서 다니리로다

1

January

--- ✳ ---

따라만 해도 기도가 열리고
하루를 살아갈 힘을 얻는
영적 만나의 시간

예배를 받으시기 합당하신 주님,

매일 드리는 예배일지라도

오늘 드리는 예배가

제 생의 마지막 예배인 것처럼

떨리는 마음으로 예배하겠습니다.

수없이 들었던 말씀일지라도

처음 듣는 마음으로 순종하며 따르겠습니다.

날마다 주님의 말씀으로 살아가는

복을 주시옵소서.

삼상 15:22

사무엘이 이르되 여호와께서 번제와 다른 제사를
그의 목소리를 청종하는 것을 좋아하심같이 좋아하시겠나이까
순종이 제사보다 낫고 듣는 것이 숫양의 기름보다 나으니

처음과 나중 되시는 하나님,
모든 시작과 끝이 주님의 손에 있습니다.
주님은 언제나 가장 좋은 것을 주시며
놀라운 계획으로 인도하심을 믿고
새해의 모든 꿈과 소원을 주님께 아룁니다.
하나님의 사랑 안에 더 깊이 거하고
온 가족이 건강한 한 해가 되며,
안 좋은 일들은 깨끗이 매듭짓고
하는 일마다 형통하게 해주시옵소서.

사 48:15
나 곧 내가 말하였고 또 내가 그를 부르며 그를 인도하였나니
그 길이 형통하리라

선하신 주님, 이제는 조금 더
너그러운 마음으로 살고 싶습니다.
따뜻한 마음의 온도를 유지하면서
친절을 베푸는 삶을 살고 싶습니다.
아등바등 살면서
사랑하는 사람들에게 상처 주는 삶을
이제는 멈추게 해주시옵소서.
하나님을 신뢰함으로
불안함과 조급한 마음을 내려놓고
여유롭게 살아가는 은혜를 주시옵소서.

*

고전 16:14

너희 모든 일을 사랑으로 행하라

01.02

위대하신 주님,
올해는 하루하루
기적 같은 일들이 일어나고
꿈꾸지 못했던 삶이 펼쳐지며
제 삶에 최고의 한 해가 될 것을 믿습니다.
매일매일 하나님의 축복이 임하고
하나님의 은혜가 가득할 것을 믿습니다.
크신 주님이 저의 기도를 들으시고
놀랍게 응답하실 줄 믿습니다.

*

시 38:15
여호와여 내가 주를 바랐사오니 내 주 하나님이 내게 응답하시리이다

12.27

전능하신 하나님,
제게는 하나님이 계십니다.
저는 넘어졌어도
하나님은 넘어지지 않으십니다.
저는 무너졌어도
하나님은 무너지지 않으십니다.
제게는 길이 없어도 하나님께는 길이 있고
저는 끝장난 것 같아도
하나님은 여전히 살아계십니다.

✳

시 3:6
천만인이 나를 에워싸 진 친다 하여도 나는 두려워하지 아니하리이다

은혜의 주님,

주님을 의지하는 자를 위해 쌓아두신

은혜가 있다 하시니 감사합니다.

오늘 그 은혜의 창고를 활짝 열어

쌓아두신 은혜를 내려주시옵소서.

사랑하는 가족이 주님께 돌아오고

믿음의 가정을 세우는 은혜를 주시옵소서.

잃어버린 건강을 되찾게 하시고

필요한 재정을 채워주시옵소서.

* *

시 31:19

주를 두려워하는 자를 위하여 쌓아두신 은혜
곧 주께 피하는 자를 위하여 인생 앞에 베푸신 은혜가 어찌 그리 큰지요

말씀하시는 주님,
제가 사람들의 말보다
내면에서 들려오는 하나님의 음성에
더 귀 기울이며 살겠습니다.
하나님께서 지으신 나로 살아가겠습니다.
불안해하며 주저하지 않겠습니다.
하나님께서 주신 오늘을 소중히 여기며
더 열정적으로 살아가겠습니다.

*

시 119:116
주의 말씀대로 나를 붙들어 살게 하시고
내 소망이 부끄럽지 않게 하소서

01.04

창조주 하나님,

오늘은 주님께서 지으신 최고의 날입니다.

이 놀라운 하루를 허락하셔서 감사합니다.

주님께서 허락하신 이 좋은 하루를

기쁨으로 가득 채우겠습니다.

더 많이 웃겠습니다.

더 자주 감사하겠습니다.

평안을 누리고 행복을 선택하겠습니다.

＊

시 118:24

이날은 여호와께서 정하신 것이라
이날에 우리가 즐거워하고 기뻐하리로다

만왕의 왕 되신 주님,
죄인인 저를 구원하기 위해
하늘의 영광을 버리고 이 땅에 오신
주님을 찬양합니다.
주님께서 이 땅에 오실 때
수많은 천사가 찬양했던 것처럼
제 영혼에 주님을 높이는 찬양이
가득히 울려 퍼집니다.
주님 오신 소식을 듣고 감격했던 사람들처럼
제 영혼이 주님 오심을 기억하며 경배합니다.

눅 2:10
천사가 이르되 무서워하지 말라
보라 내가 온 백성에게 미칠 큰 기쁨의 좋은 소식을 너희에게 전하노라

01.05

하나님의 아들 주 예수여,
죄인 된 저를 불쌍히 여기소서.
하나님의 아들 주 예수여,
제게 은혜를 베푸소서.
하나님의 아들 주 예수여,
저와 동행하소서.
하나님의 아들 주 예수여,
저를 인도하소서.

*

요일 4:15
누구든지 예수를 하나님의 아들이라 시인하면
하나님이 그의 안에 거하시고 그도 하나님 안에 거하느니라

창조주 하나님,

고난과 절망뿐인 이 땅에

주님께서 저를 위해 오셨다는 사실이

제 마음을 감격하게 합니다.

주님께 갈 수 없는 저를 위해

주님께서 직접 오셨다는 사실이

제 마음을 뜨겁게 합니다.

주님처럼 겸손히 낮아지고

마음 다해 사랑하고 섬기는

하루가 되게 해주시옵소서.

마 20:28

인자가 온 것은 섬김을 받으려 함이 아니라 도리어 섬기려 하고
자기 목숨을 많은 사람의 대속물로 주려 함이니라

01.06

지혜의 주님,

저의 머리를 축복합니다.

인생의 수많은 선택을 할 때

지혜롭게 결정하게 해주시옵소서.

문제를 볼 때 안된다는 생각을 멈추고

할 수 있다는 생각으로 해결책을 찾으며,

새롭고 창조적인 아이디어가 떠오르는

하루가 되게 해주시옵소서.

*

약 1:5

너희 중에 누구든지 지혜가 부족하거든 모든 사람에게
후히 주시고 꾸짖지 아니하시는 하나님께 구하라 그리하면 주시리라

12.23

선한 목자 되신 주님,

오늘 온종일 제 손을 잡고

좋은 길로 인도해주시옵소서.

말씀으로 제 걸음을 지켜주시옵소서.

그것이 가장 안전한 삶인 것을 믿습니다.

저를 지켜주시옵소서.

결코 주님을 떠나지 않고

주님에게서 뒤돌아서지 않도록

저를 붙들어주시옵소서.

시 91:2

나는 여호와를 향하여 말하기를
그는 나의 피난처요 나의 요새요 내가 의뢰하는 하나님이라 하리니

01.07

저를 사랑하시는 주님,

보이는 게 아무것도 없어도

주님과 약속의 말씀을 붙들겠습니다.

이 위기를 이겨낼 방법이 주님께 있습니다.

주님께서 저와 함께하시고

새로운 길을 준비하고 계시기에

반드시 해결될 것입니다.

주님께서 저의 고통을 아시고

저를 돌보고 계시기에

이 시간이 이제 길지 않을 것입니다.

＊

롬 8:37

그러나 이 모든 일에 우리를 사랑하시는 이로 말미암아
우리가 넉넉히 이기느니라

저의 놀라운 내일을 준비하신 주님,
이제 비합리적인 생각을 버리고
극단적인 생각을 멈추게 해주시옵소서.
막연하게 마음을 불안하게 하는 것을
그냥 내버려두지 않고
마음속에 떠오르는 걱정거리에
끌려다니지 않게 해주시옵소서.
오늘은 좋은 생각을 하고
긍정적으로 생각하도록 도와주시옵소서.

사 26:3

주께서 심지가 견고한 자를 평강하고 평강하도록 지키시리니
이는 그가 주를 신뢰함이니이다

"사랑하는 딸아, 아들아!
나는 네가 참 좋아.
네가 무슨 생각을 하고 있는지
네가 무슨 꿈을 꾸고 있는지
말해줄 수 있겠니?
네가 원하는 것이 무엇이든
나는 그보다 훨씬 더 크다는 것을 기억하렴.
내가 너를 도와줄 거야.
자신감을 가져."

막 9:23

예수께서 이르시되 할 수 있거든이 무슨 말이냐
믿는 자에게는 능히 하지 못할 일이 없느니라 하시니

12.21

구원의 주님,

제 삶의 이유는 하나님이십니다.

하나님을 더 알고, 더 사랑하고,

더 섬기는 삶을 살기 원합니다.

한 영혼이 주님을 만나고,

주님을 알게 되고,

주님을 사랑하게 되는 일에

제 삶을 드리기 원합니다.

저를 써주시옵소서.

＊

시 51:15

주여 내 입술을 열어주소서 내 입이 주를 찬송하여 전파하리이다

01.09

예배받으시기 합당하신 주님,
_____가 매일의 경건 시간을 통해
하나님과 동행하며 살게 하시고,
예배의 성공자가 인생의 성공자임을 믿고
예배에 인생을 거는
지혜로운 사람이 되게 해주시옵소서.
어디에 있든지 누구를 만나든지
그리스도의 복음을 전하며 살게 해주시옵소서.

*

시 119:38
주를 경외하게 하는 주의 말씀을 주의 종에게 세우소서

12.20

아름다우신 주님,
주님이 저의 만족이십니다.
주님께만 진정한 기쁨이 있습니다.
주님, 제가
다른 것에서 기쁨을 찾지 않습니다.
다른 것에서 만족을 구하지 않습니다.
저는 주님을 구합니다.
주님이면 충분합니다.

＊

시 9:2
내가 주를 기뻐하고 즐거워하며 지존하신 주의 이름을 찬송하리니

목자 되신 하나님,
주님께서 저의 목자이시기에
저는 부족함이 없습니다.
부러울 것이 없습니다.
주님께서 저와 함께하시기에
사는 것이 두렵지 않습니다.
내일이 두렵지 않습니다.
고난도 두렵지 않습니다.
그 어떤 사람도 두렵지 않습니다.

*

시 23:1
여호와는 나의 목자시니 내게 부족함이 없으리로다

기름 부어주시는 주님,

주님의 사랑으로 저의 잔이 넘쳐납니다.

주님의 평강으로 저의 잔이 넘쳐납니다.

주님의 기쁨으로 저의 잔이 넘쳐납니다.

부족함이 없습니다.

넘쳐납니다.

충만합니다.

저의 잔이 넘칩니다.

✳

시 23:5

주께서 내 원수의 목전에서 내게 상을 차려주시고
기름을 내 머리에 부으셨으니 내 잔이 넘치나이다

01.11

자비로우신 주님,

이제 지난날의 잘못을 떠올리며

후회하는 것을 멈추겠습니다.

주님께서 행하신 일들을 기억하며

주님을 찬양하겠습니다.

상황을 바라보며 낙심하지 않고

주님을 바라보며 기뻐하겠습니다.

부정적인 생각을 멈추고

하나님의 말씀을 붙들겠습니다.

우울한 감정을 신뢰하지 않고,

하나님의 약속을 신뢰하겠습니다.

✳

시 37:4

또 여호와를 기뻐하라 그가 네 마음의 소원을 네게 이루어주시리로다

사랑하는 예수님,
예수님이 저를 아무 조건 없이 사랑하셨듯
저도 저를 아무 조건 없이 사랑하겠습니다.
저의 성격, 외모, 재능과 상관없이
제가 얼마나 특별한 존재인지 알고,
모든 가식적인 모습을 내려놓겠습니다.
그냥 있는 그대로의 나를 사랑하겠습니다.

✳

마 3:17
하늘로부터 소리가 있어 말씀하시되
이는 내 사랑하는 아들이요 내 기뻐하는 자라 하시니라

01.12

있는 모습 그대로 용납해주시는 주님,
주님께서 저를 받아주셨듯
저도 완벽하지 않은 저를
받아들일 수 있게 도와주시옵소서.
이해할 수 없는 일도
이해할 수 없는 상황도
받아들일 수 있는 믿음을 주시옵소서.
오랜 마음의 상처까지
직면할 용기를 주시옵소서.

*

롬 5:8

우리가 아직 죄인 되었을 때에 그리스도께서 우리를 위하여 죽으심으로
하나님께서 우리에 대한 자기의 사랑을 확증하셨느니라

임마누엘의 주님,
주님이 함께하시면
이해할 수 없는 고난도 해석이 되고
최악의 시간도 가장 좋은 기회로 바뀝니다.
오늘은 주님과 함께 고난을 뛰어넘고
감당할 수 없는 시련도 뚫고 나가는
기적의 날이 되게 해주시옵소서.

*

시 23:4

내가 사망의 음침한 골짜기로 다닐지라도 해를 두려워하지 않을 것은
주께서 나와 함께하심이라 주의 지팡이와 막대기가 나를 안위하시나이다

01.13

자유를 주시는 주님,
아담을 통해 흘러들어온 죄의 저주가
예수 그리스도의 십자가로
모두 끊어졌음을 믿습니다.
빛 되신 주님께 제 마음을 열고
주님의 은혜를 받아들입니다.
주님께서 예비하신 축복을 받아들이고,
주님께서 이루신 승리를 받아들입니다.
오늘은 새로운 날입니다.

✳

요일 1:7
그가 빛 가운데 계신 것같이 우리도 빛 가운데 행하면 우리가 서로 사귐이 있고
그 아들 예수의 피가 우리를 모든 죄에서 깨끗하게 하실 것이요

12.16

하나님 아버지,
저의 부도덕함과 이기심과 욕심으로
얼마나 하나님의 이름이
모욕당하게 했는지 모릅니다.
하나님의 이름을 높이기보다
내 이름을 드러내기 위해 살아온
제 삶을 회개합니다.
용서해주시옵소서.

＊

잠 28:13
자기의 죄를 숨기는 자는 형통하지 못하나
죄를 자복하고 버리는 자는 불쌍히 여김을 받으리라

01.14

사랑하는 주님,
아침에 눈을 떴을 때
사랑하는 주님의 음성을
가장 먼저 듣기 원합니다.
내가 너를 사랑한다고
너는 나의 귀한 자녀라고
오늘도 내가 너와 함께할 거라고
너의 걸음을 내가 인도할 거라고
십자가를 통해 말씀하시는
주님의 음성을 들려주시옵소서.

✳

시 143:8
아침에 나로 하여금 주의 인자한 말씀을 듣게 하소서 내가 주를 의뢰함이니이다
내가 다닐 길을 알게 하소서 내가 내 영혼을 주께 드림이니이다

치료의 하나님,

이 시간, 머리끝에서 발끝까지

하나님의 강력한 치유의 빛을 비춰주옵소서.

치유의 빛이 저의 온몸을 관통할 때

다시 일어서게 되고,

다시 걷게 되고,

다시 뛰게 되고,

다시 하나님을 찬양하게 될 줄 믿습니다.

치유의 기름을 부어주시옵소서.

말 4:2

내 이름을 경외하는 너희에게는 공의로운 해가 떠올라서 치료하는 광선을 비추리니
너희가 나가서 외양간에서 나온 송아지같이 뛰리라

치료의 하나님,

이 시간, 환부에 안수해주심을 믿습니다.

모든 질병이 깨끗하게 치유되었음을 믿습니다.

깨끗이 나음을 얻었습니다.

믿음으로 모든 걱정이 사라지고

놀라운 평안이 하늘로부터 임했습니다.

제 안에 희망이 샘솟습니다.

행 4:30

손을 내밀어 병을 낫게 하시옵고
표적과 기사가 거룩한 종 예수의 이름으로 이루어지게 하옵소서 하더라

12.14

인도자 되시는 주님, 오늘도
저의 하루를 주님께 맡겨 드립니다.
저의 일터를 주님께 맡겨 드립니다.
저의 가정을 주님께 맡겨 드립니다.
저의 계획을 주님께 맡겨 드립니다.
가장 확실하게 성공하는 방법은
주님께서 이루실 일들을 바라보고
주님께 맡기는 것입니다.
주님, 오늘도 마음껏 역사해주시옵소서.

*

잠 16:3
너의 행사를 여호와께 맡기라 그리하면 네가 경영하는 것이 이루어지리라

01.16

약한 자를 들어 쓰시는 하나님,
주님은 완벽한 사람이 아니라
부족한 자를 통해 일하셨습니다.
아브라함도, 야곱도, 요셉도,
그리고 다윗도 그랬습니다.
이제 저의 부족함을 생각하며
삶을 한탄하지 않겠습니다.
저를 지으신 하나님께서
저를 얼마나 기뻐하시는지를
기억하며 즐거워하겠습니다.

*

시 147:11

여호와는 자기를 경외하는 자들과
그의 인자하심을 바라는 자들을 기뻐하시는도다

12.13

일을 행하시고 성취하시는 하나님,

주님께서 끝이라고 말씀하지 않으셨는데

어떻게 제가 끝이라고 단정 짓겠습니까.

하나님의 때가 되었을 때

놀라운 일이 일어날 줄 믿습니다.

일이 마음대로 되지 않아도

오늘의 이 소중한 시간을

더 가치 있게 사용하겠습니다.

＊

고후 6:2

이르시되 내가 은혜 베풀 때에 너에게 듣고 구원의 날에 너를 도왔다 하셨으니
보라 지금은 은혜 받을 만한 때요 보라 지금은 구원의 날이로다

01.17

복 되시는 주님,

제가 행복할 이유는 이미 충분합니다.

죄인인 제가 하나님의 자녀가 되었습니다.

우주를 창조하신 하나님이 제 아버지이시고

그 주님께서 오늘도 저와 동행하십니다.

아무 자격도 없는 저를

아무 조건 없이 사랑하신 하나님의 사랑이

오늘도 제 마음을 벅차오르게 합니다.

주님, 행복합니다.

＊

요 15:9

아버지께서 나를 사랑하신 것같이 나도 너희를 사랑하였으니
나의 사랑 안에 거하라

풍성한 은혜를 베푸시는 주님,

제가 완벽하지 않아도

저는 이미 주님께 인정받았습니다.

주님께서 저를 은혜로 용납하셨듯

저도 부족한 저를 용납하도록 도와주시옵소서.

주님처럼 저를 따뜻하게 대하고

사랑으로 대하도록 도와주시옵소서.

*

엡 4:32

서로 친절하게 하며 불쌍히 여기며 서로 용서하기를
하나님이 그리스도 안에서 너희를 용서하심과 같이 하라

01.18

소망 되신 주님,

아침마다 주님의 사랑이

제게 새롭게 다가옵니다.

주님 안에 있으면 희망이 솟고

주님을 생각하면 힘이 납니다.

주님, 세상이 약속한 즐거움보다

주님 안에 있는 기쁨이

저는 훨씬 더 크고 좋습니다.

✳

시 59:16

나는 주의 힘을 노래하며 아침에 주의 인자하심을 높이 부르오리니
주는 나의 요새이시며 나의 환난 날에 피난처심이니이다

12.11

시험을 이기신 주님,

마귀는 제가 무너지고 두려워하고

엎드러져 있기를 원하지만

저는 마귀가 원하는 그 어떤 것도

내어주지 않겠습니다.

마음을 다잡고 더욱 주님을 사랑하겠습니다.

무너진 예배를 세우겠습니다.

말씀과 기도의 자리를 다시 세우겠습니다.

사명의 자리로 나아가겠습니다.

주님의 은혜 안에서 다시 서겠습니다.

＊

요일 4:4

자녀들아 너희는 하나님께 속하였고 또 그들을 이기었나니
이는 너희 안에 계신 이가 세상에 있는 자보다 크심이라

01.19

만물의 주인이신 하나님,
높아진 제 마음을 낮추겠습니다.
겸손한 마음을 갖겠습니다.
단순한 삶을 살겠습니다.
주님, 물질이 저의 소망이 아닙니다.
모든 것을 후히 주시고 누리게 하시는
하나님이 제 소망입니다.
모든 만물을 다스리시는 하나님만이
제 삶의 주인이십니다.

*

딤전 6:17

네가 이 세대에서 부한 자들을 명하여 마음을 높이지 말고
정함이 없는 재물에 소망을 두지 말고
오직 우리에게 모든 것을 후히 주사 누리게 하시는 하나님께 두며

12.10

넘치도록 채워주시는 주님,
주님의 은혜로 제 잔이 넘쳐납니다.
주님은 저의 필요를 채워주실 뿐만 아니라
나누고 베풀고 섬기는 자리로 초대하시고
하나님나라를 위해 쓰임 받는 자리에
저를 세워주셨습니다.
주님, 채워주셔서 감사하고
넘쳐나게 하셔서 감사하고
쓰임 받게 하시니 감사합니다.

*

시 65:11
주의 은택으로 한 해를 관 씌우시니 주의 길에는 기름방울이 떨어지며

전능하신 주님,

제게 하나님의 지혜와 능력과 사랑을

부어주시니 감사합니다.

크신 주님께서 제 안에 계시기에

제가 담대해집니다.

할 수 있다는 자신감이 생기고,

하면 되겠다는 용기가 솟아납니다.

마음에 여유가 있고, 넉넉하고, 평안합니다.

주님, 제게 내면의 복을 주셔서 감사합니다.

✳

시 29:11

여호와께서 자기 백성에게 힘을 주심이여
여호와께서 자기 백성에게 평강의 복을 주시리로다

거룩하신 주님,
다음세대의 생각을 사로잡고 있는
어두운 문화 콘텐츠로부터
우리 자녀들을 지켜주시옵소서.
저들의 입술을 사로잡고 있는
욕설과 거짓과 음란한 말들을 끊어주시고,
저들의 가슴에 하나님의 말씀이 새겨지고
말씀이 삶의 기준이 되게 해주시옵소서.

*

시 119:9

청년이 무엇으로 그의 행실을 깨끗하게 하리이까
주의 말씀만 지킬 따름이니이다

01.21

좋으신 하나님,
제 안에 많은 계획이 있지만
제 삶의 걸음을 인도하시는 분은
하나님이십니다.
그렇기에 어떠한 상황에서도
좋은 선택이 될 것입니다.
저의 걸음이 복될 것입니다.

✳

잠 16:9

사람이 마음으로 자기의 길을 계획할지라도
그의 걸음을 인도하시는 이는 여호와이시니라

"사랑하는 딸아,
사랑하는 아들아!
아무리 힘들어도
선을 행하는 것을 멈추지 마라.
바른 선택을 하는 것에 낙심하지 마라.
당장 눈에 보이는 변화가 없어도
때가 되면 반드시
열매를 맺게 될 거란다."

갈 6:9

우리가 선을 행하되 낙심하지 말지니
포기하지 아니하면 때가 이르매 거두리라

01.22

수많은 실패가 아니라
한 번의 작은 성공을 기억하시는 주님,
저도 실패에 연연하지 않고
실패를 통해서도 배우고 성장하며
하나님의 뜻을 이루겠습니다.
언제나 저와 함께하며 격려하시는 주님,
오늘도 주님을 생각하면 정말 행복합니다.
주님이 참 좋습니다.

롬 8:31
그런즉 이 일에 대하여 우리가 무슨 말하리요
만일 하나님이 우리를 위하시면 누가 우리를 대적하리요

아버지 하나님,

저는 부족하고 연약합니다.

실수도 하고 실패도 합니다.

그럼에도

그저 하나님을 믿는 믿음 하나 보시고

저를 인정해주시니 이것이 은혜입니다.

저는 평생 믿음으로 살겠습니다.

은혜로 살겠습니다.

주님만 바라보며 살겠습니다.

*

엡 2:8

너희는 그 은혜에 의하여 믿음으로 말미암아 구원을 받았으니
이것은 너희에게서 난 것이 아니요 하나님의 선물이라

선하신 주님,

주님의 날개 아래서

제 영혼이 안전합니다.

하나님께서 저와 함께하시기에

제 영혼이 평안합니다.

하나님의 은혜가 제게 가득합니다.

하나님의 사랑이 제게 가득합니다.

하나님의 기쁨이 제게 충만합니다.

*

시 36:7

하나님이여 주의 인자하심이 어찌 그리 보배로우신지요
사람들이 주의 날개 그늘 아래에 피하나이다

살아계신 성령님,

이 시간 저를 다스려주시옵소서.

생명의 영으로 다스려주시옵소서.

살리시는 영으로 다스려주시옵소서.

거룩의 영으로

기쁨의 영으로

평화의 영으로

저를 충만하게 해주시옵소서.

주님의 거룩한 보혈로

제 삶을 덮어주시옵소서.

*

요 14:26

보혜사 곧 아버지께서 내 이름으로 보내실 성령
그가 너희에게 모든 것을 가르치고
내가 너희에게 말한 모든 것을 생각나게 하리라

01.24

좋으신 하나님,

지난밤도 지켜주시고,

새날을 허락해주셔서 감사합니다.

주님께서 함께하시기에

오늘은 최고의 날입니다.

주님의 높은 계획이 이루어지는

신나는 하루가 되게 하시고

하나님의 선하심을 경험하는

복된 하루가 되게 해주시옵소서.

＊

시 16:11

주께서 생명의 길을 내게 보이시리니 주의 앞에는 충만한 기쁨이 있고
주의 오른쪽에는 영원한 즐거움이 있나이다

"내가 예수 그리스도의
능력의 이름으로 명하노니
무너진 마음에 생기가 불어오고
모든 뼈가 제자리를 찾고
모든 근육에 강한 힘이 들어올지어다.
예수 그리스도의 이름으로 명하노니
이 시간 일어나 걸을지어다.
예수 그리스도의 십자가 능력으로
모든 질병은 떠나갈지어다."

＊

약 5:15

믿음의 기도는 병든 자를 구원하리니 주께서 그를 일으키시리라
혹시 죄를 범하였을지라도 사하심을 받으리라

01.25

모든 준비를 마치신 주님,
기대했던 일들이 생각대로 되지 않아도
낙심하지 않겠습니다.
절망감에 사로잡혀
새로운 기회를 놓치지 않겠습니다.
지나간 시간은 후회해도 소용없기에
미련을 버리고
주님께서 준비하신
더 놀라운 미래를 바라보겠습니다.
주님, 도와주시옵소서.

*

시 33:11
여호와의 계획은 영원히 서고 그의 생각은 대대에 이르리로다

12.04

긍휼이 풍성하신 주님,
상한 마음을 안고
돌아누워 있는 저를 찾아와
위로자가 되어주셔서 감사합니다.
두려움에 주저할 때마다
"두려워 마라, 놀라지 마라" 하시며
다시 일어설 용기를 주셔서 감사합니다.
불안한 제 마음에
하늘의 평강을 주셔서 감사합니다.
고난 중에도 소망을 주시니 감사합니다.

*

시 94:19
내 속에 근심이 많을 때에 주의 위안이 내 영혼을 즐겁게 하시나이다

말씀으로 역사하시는 주님,

제게 하나님의 말씀을

사모하는 마음을 주시옵소서.

날마다 말씀을 읽고, 외우고,

공부하고, 묵상하는 것을 통해

주님을 더 깊이 알아갈 수 있도록

지혜와 계시의 영을 부어주시옵소서.

언제나 그 말씀이 제 삶의 기준이 되고

말씀에 이끌려 살아가는

복된 삶이 되게 해주시옵소서.

딤후 3:16

모든 성경은 하나님의 감동으로 된 것으로
교훈과 책망과 바르게 함과 의로 교육하기에 유익하니

교회의 머리가 되시는 주님,
교회가 교회다워지게 해주시옵소서.
이 땅의 교회가
세상 사람들의 기준에 맞추는 것이 아니라
예수님이 이 땅에 오셔서 하셨던 그 일,
천국 복음을 전파하고,
하나님나라를 가르치고,
병든 자를 고쳐주는 그 일을 감당하는
주님의 교회 되게 해주시옵소서.

*

마 9:35

예수께서 모든 도시와 마을에 두루 다니사 그들의 회당에서 가르치시며
천국 복음을 전파하시며 모든 병과 모든 약한 것을 고치시니라

능력을 베푸시는 주님,
제 삶의 모든 승리는 하나님의 은혜였습니다.
사람들은 안 된다, 못 한다, 불가능하다 해도
그 모든 말을 무시하고
하나님을 바라보겠습니다.
전심으로 주님을 바라보는 자들에게
능력을 베푸시는 하나님을 바라보겠습니다.
주님의 은혜를 구하는 제게
오늘 크신 능력을 베풀어주시옵소서.

＊

대하 16:9

여호와의 눈은 온 땅을 두루 감찰하사
전심으로 자기에게 향하는 자들을 위하여 능력을 베푸시나니

12.02

놀라우신 주님,
저는 주님의 특별한 사랑을 받았습니다.
하나님의 시선이 저를 향해 있고
하나님의 얼굴이 저를 비추시며
하나님의 복이 큰 파도처럼
제게 밀려오고 있습니다.
주님께는 이미 방법이 있으며,
오늘, 제 힘으로 열 수 없는 문이
열리게 될 것을 믿습니다.

*

민 6:25
여호와는 그의 얼굴을 네게 비추사 은혜 베푸시기를 원하며

좋으신 하나님,

제게 귀한 만남을 허락해주셔서 감사합니다.

존경하는 부모님을 주셔서 감사합니다.

사랑하는 남편과 아내를 주셔서 감사합니다.

우리 가정의 기쁨이 되어준

사랑스러운 자녀들을 주셔서 감사합니다.

함께 우정을 나눌 친구들을 주셔서 감사합니다.

＊

전 4:12

한 사람이면 패하겠거니와 두 사람이면 맞설 수 있나니
세 겹 줄은 쉽게 끊어지지 아니하느니라

다시 일으켜 세우시는 주님,

넘어졌다고 불평하지 않겠습니다.

넘어졌다고 주변을 탓하지 않겠습니다.

넘어졌다고 하나님을 원망하지 않겠습니다.

넘어졌어도 다시 일어서면 그만입니다.

하나님께서 모든 것을 회복시켜주시고

모든 것을 제자리로 되돌려 주시리라 믿고

낙심하지 않겠습니다.

감사하겠습니다.

시 23:3

내 영혼을 소생시키고 자기 이름을 위하여 의의 길로 인도하시는도다

제가 말한 대로 이루시는 주님,
이 시간 제 영혼을 향해
믿음으로 선포합니다.

"내 영혼아 기뻐하라!
내 영혼아 즐거워하라!
내 영혼아 일어서라!
내 영혼아 용기를 내라!
내 영혼아 담대하라!
내 영혼아 하나님을 바라보라!"

시 62:5

나의 영혼아 잠잠히 하나님만 바라라
무릇 나의 소망이 그로부터 나오는도다

12

December

———— ✳ ————

따라만 해도 기도가 열리고
하루를 살아갈 힘을 얻는
영적 만나의 시간

01.30

저의 힘이 되신 하나님,

주님이 저의 구원이요,

빛이요, 생명이시기에

제가 두렵지 않습니다.

제가 무섭지 않습니다.

원수가 사방에서 나를 대적해도

주님이 저의 피난처 되시기에

제가 의연합니다.

모든 원수가 제 앞에 무릎 꿇을 것입니다.

＊

시 62:6

오직 그만이 나의 반석이시요 나의 구원이시요 나의 요새이시니
내가 흔들리지 아니하리로다

11.30

만물의 주관자이신 하나님,
상황이 아무리 좋지 않아 보여도
사람들이 아무리 부정적인 말을 해도
이 온 우주의 최종 결정권자는
하나님이십니다.
인생사가 하나님의 손안에 있습니다.
제 삶도 하나님의 손에 달려 있습니다.

＊

시 31:15
나의 앞날이 주의 손에 있사오니
내 원수들과 나를 핍박하는 자들의 손에서 나를 건져주소서

01.31

완벽한 계획을 세우고 인도하시는 주님,
주님의 계획은 언제나 제 삶에
평안을 주시는 것이고,
주님의 뜻은 소망이 가득한 자리로
저를 인도하는 것입니다.
그 주님께서 제 삶을 인도하시기에
저는 어떠한 상황에서도 의연합니다.

✳

렘 29:11

여호와의 말씀이니라 너희를 향한 나의 생각을 내가 아나니
평안이요 재앙이 아니니라 너희에게 미래와 희망을 주는 것이니라

예배를 받으시기 합당하신 주님,
저의 예배가
예수 그리스도께 향하고,
예수 그리스도만 높여드리고,
예수 그리스도만 자랑하는
예배 되게 해주시옵소서.
예배의 모든 초점이
사람도, 음악도, 환경도 아닌,
오직 예수 그리스도가 되게 해주시옵소서.

요 4:23

아버지께 참되게 예배하는 자들은 영과 진리로 예배할 때가 오나니 곧 이 때라
아버지께서는 자기에게 이렇게 예배하는 자들을 찾으시느니라

2
February

———— ✳ ————

따라만 해도 기도가 열리고
하루를 살아갈 힘을 얻는
영적 만나의 시간

귀한 만남을 예비하신 주님,

제게 하나님을 사랑하는 사람,

하나님을 경외하는 사람,

사람을 존중하고 인생을 소중히 여기는

사람을 만나는 복을 주시옵소서.

제 인생의 적재적소에서

하나님께서 예비하신 좋은 사람을

만나는 복을 주시옵소서.

＊

잠 13:20

지혜로운 자와 동행하면 지혜를 얻고 미련한 자와 사귀면 해를 받느니라

선한 목자 되신 주님,

오늘도 주님의 음성에 귀 기울입니다.

말씀으로 저의 걸음을 인도해주시옵소서.

주님께서 인도하신 길은

언제나 가장 안전한 길이었고,

주님을 따라가는 삶에는

부족함이 없었습니다.

주님, 오늘도 주님을 따르겠습니다.

요 10:27

내 양은 내 음성을 들으며 나는 그들을 알며 그들은 나를 따르느니라

제 모습과 상관없이
저를 선택하고 사랑하신 주님,
저도 주님을 사랑합니다.
제 삶에 고난이 없으면 좋겠다고 생각했는데
이제 고난도 복이라는 것을 압니다.
고난이 컸기에
주님의 더 큰 기적을 경험할 수 있었고,
주님의 크심을 더 분명하게 알게 되었습니다.
주님, 감사합니다.

*

시 119:71

고난 당한 것이 내게 유익이라
이로 말미암아 내가 주의 율례들을 배우게 되었나이다

피난처가 되시는 주님,

저의 연약한 마음으로 인해

주님을 더욱더 의지합니다.

제가 의지할 분은 주님뿐입니다.

오늘도 주님의 손길이

절실하게 필요합니다.

절박한 심정으로 주님께 나아갑니다.

주님, 저를 지켜주시옵소서.

＊

시 28:8

여호와는 그들의 힘이시요
그의 기름 부음 받은 자의 구원의 요새이시로다

11.26

사랑하는 주님,

세상 즐거움 다 버리고

오직 한 분 주님 바라보며

순전한 마음으로 걸어가는

선교사님들의 길을 축복해주시고

은혜와 긍휼을 베풀어주시옵소서.

사람들은 알아주지 않을지라도

주님은 모든 것을 알고 계시며

여전히 기억하고 계신다는 생생한 음성을

오늘도 들려주시옵소서.

* *

막 14:9

내가 진실로 너희에게 이르노니 온 천하에 어디서든지 복음이 전파되는 곳에는
이 여자가 행한 일도 말하여 그를 기억하리라 하시니라

02.03

기도를 통해 역사하시는 주님,

제가 기도로 자녀를 양육하겠습니다.

평생 기도로 살아가는 사람이 되도록

기도를 가르치고 훈련하겠습니다.

제가 기도하는 부모가 되겠습니다.

기도로 사는 부모가 되겠습니다.

우리 자녀에게 기도의 영을 부어주시옵소서.

＊

잠 22:6

마땅히 행할 길을 아이에게 가르치라
그리하면 늙어도 그것을 떠나지 아니하리라

11.25

위로자 되시는 주님,

원수의 공격 앞에

불안해 떠는 저를 위로하시고

상처받은 마음을 싸매주시며

힘없는 저를 위해 싸워주시니

제 영혼이 주님을 찬양합니다.

오늘도 좋은 것으로 채워주시고

참된 안식과 평안을 주신

주님을 찬양합니다.

*

시 136:24

우리를 우리의 대적에게서 건지신 이에게 감사하라
그 인자하심이 영원함이로다

사랑하는 주님,
주님께서 함께하시니
오늘도 최고의 날입니다.
오늘 하루를 시작하면서
상황과 환경에 제 마음을
빼앗기지 않기 원합니다.
저를 공격하는 어둠의 세력으로부터
제 마음을 지켜주시옵소서.

*

시 62:7

나의 구원과 영광이 하나님께 있음이여
내 힘의 반석과 피난처도 하나님께 있도다

저의 태도를 주목하시는 주님,

주님께서 지으신 오늘 이 하루를

기쁨으로 맞이하겠습니다.

어제의 실수를 떠올리지 않겠습니다.

감정과 상관없이 기쁨을 선포하겠습니다.

직장 상사 때문에 짜증 내지 않겠습니다.

가족 때문에 화내지 않겠습니다.

재정 문제로 불평하지 않겠습니다.

주님을 바라보며 감사하고 기도하겠습니다.

＊

롬 12:12

소망 중에 즐거워하며 환난 중에 참으며 기도에 항상 힘쓰며

참포도나무이신 주님,

제가 더 애를 쓴다고

삶이 달라지지 않습니다.

제가 더 많이 노력한다고

더 많은 열매를 얻는 것도 아닙니다.

열매 맺게 하시는 분은 하나님이십니다.

과정에 최선을 다하되

결과에 목매지 않겠습니다.

제가 할 일은 주님께 붙어있는 것입니다.

오늘도 주님께 붙어있겠습니다.

*

요 15:5

나는 포도나무요 너희는 가지라
그가 내 안에, 내가 그 안에 거하면 사람이 열매를 많이 맺나니
나를 떠나서는 너희가 아무것도 할 수 없음이라

신실하신 주님,

제 삶에 단 하루도

평범한 날은 없었습니다.

하루하루가 기적이고

하루하루가 은혜이고

하루하루가 축복이었습니다.

주님께서 함께하시기에

저의 노년은 아름다울 것입니다.

*

사 46:4

너희가 노년에 이르기까지 내가 그리하겠고 백발이 되기까지 내가 너희를 품을 것이라
내가 지었은즉 내가 업을 것이요 내가 품고 구하여 내리라

제가 누구이든 상관없고

제가 어떤 죄인이든 상관없으며

제가 얼마나 큰 죄를 지었든 상관없이

예수 그리스도로 말미암아

회복되었다고 말씀하시는 주님,

제 노력과 성취를 자랑하는 삶을 멈추고

저를 위해 놀라운 일을 행하신

예수 그리스도를 사랑하고

십자가를 자랑하는 삶을 살겠습니다.

✳

갈 6:14

그러나 내게는 우리 주 예수 그리스도의 십자가 외에 결코 자랑할 것이 없으니
그리스도로 말미암아 세상이 나를 대하여 십자가에 못 박히고
내가 또한 세상을 대하여 그러하니라

노하기를 더디 하시는 주님,
제게 은혜가 필요합니다.
화를 내는 저를
정죄하는 것이 아니라
따뜻하게 잘 보살필 수 있도록
성령께서 제 마음을 다스려주시옵소서.
화를 폭발시키지 않게 하시되,
속으로 삭이지도 않게 해주시옵소서.
적절한 방법으로 화를 다스릴 수 있는
지혜를 주시옵소서.

잠 16:32
노하기를 더디하는 자는 용사보다 낫고
자기의 마음을 다스리는 자는 성을 빼앗는 자보다 나으니라

사랑하는 주님,
어둠 속에서 하루를 시작했지만
이제 아침 해가 떠올랐습니다.
어둠이 지나고 새 아침이 밝았습니다.
아무리 깊은 밤도 해가 떠오르는 것을
막을 수 없듯이 어떤 고난도 저를 향한
하나님의 역사를 막을 수 없습니다.
아직 여전히 어둠이 있어도
주님의 역사는 이미 시작되었고
아침의 은혜가 다가오고 있습니다.

*

애 3:23
이것들이 아침마다 새로우니 주의 성실하심이 크시도소이다

11.21

모든 준비를 마치고 인도하시는 주님,
하나님의 천사들을 서보다 앞서 보내셔서
저의 걸음을 지켜주시고,
주님께서 예비하신 사람을 만나고
주님께서 예비하신 은혜를 누리고
마침내 주님께서 예비하신
큰 복을 받게 하시니
저는 오늘도 주님만을 따르겠습니다.

*

출 23:20

내가 사자를 네 앞서 보내어 길에서 너를 보호하여
너를 내가 예비한 곳에 이르게 하리니

"사랑하는 딸아, 아들아!
네가 나를 얼마나 사랑하는지 내가 알아.
무엇을 하든 내게 영광을 돌리려는
너의 마음을 내가 알아.
네가 어디에 있든지 너와 항상 함께하며
너를 괴롭히는 자들조차
네게 복이 되게 했던 것을 기억하지?
이제 내가 너를 높여줄 거야.
너를 존경받는 자가 되게 할 거야."

대상 17:8

네가 어디로 가든지 내가 너와 함께 있어 네 모든 대적을 네 앞에서 멸하였은즉
세상에서 존귀한 자들의 이름 같은 이름을 네게 만들어주리라

승리의 깃발을 주신 주님,

악한 마귀가 저를 무너뜨리려고

우는 사자처럼 달려들지만

예수 그리스도로 완전 무장합니다.

반드시 승리하겠습니다.

저를 한순간에 무너뜨리는 것이

교만입니다.

끝까지 겸손하게 하시고

예수님으로 충만하게 해주시옵소서.

*

엡 6:11

마귀의 간계를 능히 대적하기 위하여 하나님의 전신 갑주를 입으라

02.09

위대하신 주님,

제가 사랑하는 자녀들에게 물려줄

최고의 유산은 나의 주 하나님이십니다.

사랑하는 자녀들이

하나님의 크신 사랑을 알고

생명을 걸고 하나님을 사랑하는

사람이 될 수 있도록

주님, 도와주시옵소서.

＊

신 6:5

너는 마음을 다하고 뜻을 다하고 힘을 다하여
네 하나님 여호와를 사랑하라

11.19

기적의 주님, 감사합니다.

제가 누리는 모든 것은 주님의 은혜입니다.

주님은 제 부족함에 제한받지 않으십니다.

제가 어떤 집에서 태어나고 자랐는지

얼마나 많이 실패하고 빚을 졌는지

그것과 상관없이 주님은

저를 통해 놀라운 일을 행하셨습니다.

부족함이 없게 하셨습니다.

✳

시 107:8

여호와의 인자하심과 인생에게 행하신 기적으로 말미암아
그를 찬송할지로다

선하신 주님,

저는 주님의 선하심과

저를 향한 주님의

놀라운 계획을 믿습니다.

오늘 일어날 모든 일이

주님의 섭리와 사랑임을 기억하고

모든 일을 감사로 받아들이겠습니다.

공급해주시는 주님을 신뢰하며

어떤 상황에서도 자족하겠습니다.

*

딤전 4:4

하나님께서 지으신 모든 것이 선하매 감사함으로 받으면 버릴 것이 없나니

11.18

풍성하게 채워주시는 주님,
기도할 때는 모든 것이
주님 손에 달려있음을 믿고
겸손히 기도하며,
일할 때는 모든 것이
제 손에 달린 것처럼
최선을 다하겠습니다.
오늘도 예수님으로 충만하고
예수님과 동행하는
복된 하루가 되게 해주시옵소서.

*

잠 22:29

네가 자기의 일에 능숙한 사람을 보았느냐
이러한 사람은 왕 앞에 설 것이요 천한 자 앞에 서지 아니하리라

저를 끝까지 찾아내고 찾아와주신 주님,

주님 덕분에 제가 살 이유를 찾았습니다.

선하신 주님께서

제 삶의 인도자가 되어주시고

인생의 중요한 순간마다

가장 좋은 길로 인도하시고

실수와 잘못된 선택까지도

주님의 뜻을 이루는 데 사용해주시니

감사합니다.

✳
사 58:11

여호와가 너를 항상 인도하여
메마른 곳에서도 네 영혼을 만족하게 하며 네 뼈를 견고하게 하리니
너는 물 댄 동산 같겠고 물이 끊어지지 아니하는 샘 같을 것이라

좋으신 하나님,

이제 보이는 것만 보지 않고

하나님의 선하심을 바라보겠습니다.

절망적인 생각을 멈추고

하나님의 더 큰 뜻을 신뢰하겠습니다.

부정적인 말을 끊고

하나님의 말씀을 선포하겠습니다.

일이 계획대로 되지 않을수록

더 간절히 부르짖겠습니다.

길이 보이지 않을 때는

더 뜨겁게 기도하겠습니다.

✳

시 34:19

의인은 고난이 많으나 여호와께서 그의 모든 고난에서 건지시는도다

풍성한 은혜를 베푸시는 주님,
제 삶에 고통스러운 시간도 있었지만
고통스럽지 않은 시간이
수십 배 수백 배 더 길었습니다.
이제는, 실패했던 시간을 떠올리며
하루를 망치고 한 달을 망치고
한 해를 망쳤던 나쁜 습관을 버리고
주님의 말씀을 붙들고 믿음으로 살겠습니다.
없는 것을 생각하며 우울하게 사는 대신,
가진 것을 생각하며 감사하겠습니다.

＊

벧전 2:19

부당하게 고난을 받아도 하나님을 생각함으로 슬픔을 참으면 이는 아름다우나

11.16

아름다우신 주님,
저의 눈을 축복합니다.
건강한 눈으로
주님께서 지으신 세상을 오랫동안 보게 하시고
따뜻한 눈빛으로 사람들을 위로하고
경이로움과 호기심 가득한 눈으로
사람을 바라보게 해주시옵소서.
어디서 무엇을 하든 누구를 만나든
좋은 면을 볼 수 있는
아름다운 눈을 허락해주시옵소서.

＊

마 6:22

눈은 몸의 등불이니 그러므로 네 눈이 성하면 온 몸이 밝을 것이요

사랑의 주님,

교제 중인 형제자매들에게

인격적인 만남의 시간을 보낼 수 있는

지혜를 주시옵소서.

성적인 유혹을 잘 이겨내게 하시고

마음속에 있는 이야기를

편안하게 나눌 수 있는 관계가 되게 하시고

서로의 마음을 알아주고 감정을 받아주는

행복한 만남이 되게 해주시옵소서.

✳

딤후 2:22

또한 너는 청년의 정욕을 피하고
주를 깨끗한 마음으로 부르는 자들과 함께
의와 믿음과 사랑과 화평을 따르라

사랑하는 주님,

목마른 사슴이 시냇물을 찾아 헤매듯이

저의 영혼이 주님을 목말라합니다.

저의 영혼이 주님을 갈급해합니다.

주님을 사모하는 이 마음은

아무리 시간이 흘러도 줄어들지 않습니다.

주님, 오셔서 저의 갈증을 채워주시옵소서.

주님으로 잔이 넘쳐나게 해주시옵소서.

시 42:1

하나님이여 사슴이 시냇물을 찾기에 갈급함같이
내 영혼이 주를 찾기에 갈급하니이다

복 주시는 하나님,

오늘도 하나님의 은혜가

제게 가득하게 하시고,

순간순간마다 하나님의 은혜로

좋은 일이 끌려오게 해주시옵소서.

오늘 좋은 일이 가득한

하루가 될 줄 믿습니다.

하나님께서 예비하신 온갖 축복들이

오늘 임할 줄 믿습니다.

＊

시 23:6

내 평생에 선하심과 인자하심이 반드시 나를 따르리니
내가 여호와의 집에 영원히 살리로다

11.14

지혜를 베푸시는 주님,

시험에 임하는 _____에게

건강과 최상의 컨디션을 허락하시고,

평안한 마음을 주시옵소서.

공부했던 것들이 기억나게 하시고,

서로 연결되게 해주시옵소서.

분별력과 판단력을 주시옵소서.

어떤 상황에도 당황하거나

실수하지 않게 하시고

침착하고 차분한 마음을 주시옵소서.

＊

빌 4:6

아무것도 염려하지 말고 다만 모든 일에 기도와 간구로,
너희 구할 것을 감사함으로 하나님께 아뢰라

사랑하는 주님,
언제나 사랑스러운 눈으로 저를 바라보시고
저의 작은 신음조차 놓치지 않으시니
제가 어찌 주님을
사랑하지 않을 수 있겠습니까.
언제나 저를 향해 귀를 기울이시는 주님.
저는 평생 기도하며 살겠습니다.
기도로 살아가겠습니다.
하나님께 기도할 수 있다는 것
이것이야말로 제 삶이 축복입니다.

시 116:1

여호와께서 내 음성과 내 간구를 들으시므로
내가 그를 사랑하는도다

11.13

전능하신 하나님,
하나님께서 함께하시기에
저는 할 수 있습니다.
하면 됩니다.
잘될 것입니다.
은혜가 있을 것입니다.
좋은 일이 생길 것입니다.
기적이 일어날 것입니다.
좋은 소식이 들려올 것입니다.

*

벧전 3:10

생명을 사랑하고 좋은 날 보기를 원하는 자는
혀를 금하여 악한 말을 그치며 그 입술로 거짓을 말하지 말고

02.16

말씀하시는 주님,

제게 귀를 주셔서 감사합니다.

제 귀가 하나님의 말씀을 배우고

사랑하는 이들의 마음의 소리를 듣고

아파하는 사람들을 위로하는 데

쓰이기 원합니다.

들어야 할 얘기에는 귀를 기울이고

듣지 말아야 할 것에는 귀를 닫겠습니다.

*

사 50:4

주 여호와께서 학자들의 혀를 내게 주사
나로 곤고한 자를 말로 어떻게 도와줄 줄을 알게 하시고
아침마다 깨우치시되 나의 귀를 깨우치사 학자들같이 알아듣게 하시도다

11.12

모든 묶임을 풀어주시는 주님,

염려, 근심, 걱정, 불안, 두려움,

죄책감에 사로잡힌 저를

예수 이름으로 풀어주시고

연약한 마음에

하늘의 평강을 부어주시니 감사합니다.

고난 중에도 포기하지 않고

고단해도 멈추지 않고

포기하고 싶어도 다시 시작하는

끈기를 주셔서 감사합니다.

＊

벧전 5:7

너희 염려를 다 주께 맡기라 이는 그가 너희를 돌보심이라

02.17

고난을 이기신 주님,
가슴이 조여오고 눈물이 흘러도
고난 앞에 좌절하지 않게 하시고
절망하지 않게 해주시옵소서.
모든 눈물을 닦아주시고
아픔을 지워주시며
겹겹이 싸인 고통의 멍에를
벗겨주실 분은 주님입니다.
오늘은 힘든 상황을 바라보는 것이 아니라
모든 상황을 다스리시는
주님을 바라보겠습니다.

*

시 84:6

그들이 눈물 골짜기로 지나갈 때에 그곳에 많은 샘이 있을 것이며
이른 비가 복을 채워주나이다

아무 자격 없는 저를
십자가로 살리신 주님,
이제 저도 사람 살리는 삶을
살고 싶습니다.
그리스도의 사랑으로
시대의 필요를 채우는 일에
저를 써주시옵소서.

고전 15:58

그러므로 내 사랑하는 형제들아 견실하며 흔들리지 말고
항상 주의 일에 더욱 힘쓰는 자들이 되라
이는 너희 수고가 주 안에서 헛되지 않은 줄 앎이라

02.18

만왕의 왕이신 하나님,
하나님이 저의 아빠가 되어주셨으니
저는 더 이상 낙심과 열등감에
이끌려 살아가지 않겠습니다.
우울감에 젖어 살아가지 않겠습니다.
하나님의 자녀라는 자신감을 가지고
살아가겠습니다.
고개를 들고 어깨를 펴겠습니다.
당당하게 걷겠습니다.

＊

갈 4:6

너희가 아들이므로 하나님이 그 아들의 영을 우리 마음 가운데 보내사
아빠 아버지라 부르게 하셨느니라

11.10

하늘의 그 어떤 신령한 축복도
하나님과 비길 수 없고
이 땅의 그 어떤 풍요로운 축복도
하나님과 바꿀 수 없습니다.
주님만이 저의 처음 사랑이고
주님만이 저의 마지막 사랑입니다.
아무리 세월이 흐르고 세상이 바뀌어도
저는 주님만을 사랑하고 의지하겠습니다.

*

시 73:25

하늘에서는 주 외에 누가 내게 있으리요
땅에서는 주밖에 내가 사모할 이 없나이다

02.19

기도를 들으시는 주님,
주님의 이름으로 구하면
주님께서 들어주시고
우리가 기쁨으로 충만하리라
약속하신 말씀을 붙잡습니다.
하나님께서 응답해주시고
기쁨으로 충만하게 하실 것을
믿고 기도하겠습니다.

✳

요 16:24

지금까지는 너희가 내 이름으로 아무것도 구하지 아니하였으나
구하라 그리하면 받으리니 너희 기쁨이 충만하리라

11.09

위로자 되시는 주님,
힘겹게 살아가는 모든 중년을 향해
"수고했다. 참 잘 살아왔다.
이만하면 잘한 거야. 잘 살아온 거야."
주님께서 위로해주시옵소서.
지나간 시간을 후회하는 것이 아니라
감사하는 마음으로 바라보고
긍정적으로 바라볼 수 있도록
도와주시옵소서.

✳

시 92:14
그는 늙어도 여전히 결실하며 진액이 풍족하고 빛이 청청하니

02.20

기적의 하나님,
모든 것이 무너지고
어떤 희망도 찾을 수 없을 이때가
하나님의 역사가 시작되는 시간입니다.
모든 것이 불가능해 보일 때
비로소 하나님께서 일하기 시작하십니다.
제가 할 수 있는 게 아무것도 없을 때는
다 끝나버린 시간이 아니라
주님의 기적이 시작되는 시간입니다.
저를 다시 세우시고 살아낼 힘을 주시옵소서.

*

사 43:19

보라 내가 새 일을 행하리니 이제 나타낼 것이라
너희가 그것을 알지 못하겠느냐 반드시 내가 광야에 길을 사막에 강을 내리니

"사랑하는 딸아,
사랑하는 아들아!
네가 어떻게 지어졌는지보다 중요한 것은
네가 무엇을 담고 있느냐는 거야.
비록 질그릇 같아 보일지라도
그 그릇 안에 담긴 나 여호와 하나님이
전능하신 창조주 하나님이라는 걸 기억하렴.
네 능력은 중요하지 않아.
능력은 내게 있단다."

고후 4:7
우리가 이 보배를 질그릇에 가졌으니
이는 심히 큰 능력은 하나님께 있고 우리에게 있지 아니함을 알게 하려 함이라

저를 위해 십자가를 지신 예수님,

이 시간, 제 마음의 문을 열고

예수님을 제 삶의 구원자와

주님으로 모셔 들입니다.

예수님, 제 마음속에 들어와

저의 구원자와 주님이 되어주시옵소서.

죄인 된 저를 받아주시옵소서.

이제 예수님을 저의 구원자와 주님으로

믿고 따르기를 원합니다.

＊

요 1:12

영접하는 자 곧 그 이름을 믿는 자들에게는
하나님의 자녀가 되는 권세를 주셨으니

11.07

저를 빚어가시는 주님,

다 끝난 것처럼 보여도

제 삶은 끝나지 않았고

광야 한복판에 버려진 것처럼 보여도

저는 결코 혼자가 아닙니다.

광야에서 헤매는 이 시간이 오히려

더 단단해지고 더 정결해지는 시간입니다.

주님께서 준비하신 복을 받을 그릇으로

주님께서 쓰시기에 합당한 사람으로

빚어주시옵소서.

---

*

사 64:8

그러나 여호와여, 이제 주는 우리 아버지시니이다
우리는 진흙이요 주는 토기장이시니
우리는 다 주의 손으로 지으신 것이니이다

제가 건강하길 원하시는 주님,

긍정적으로 생각하는 사람은

건강한 삶을 살아가지만

부정적이고 우울한 생각은

우리의 몸을 병들게 합니다.

이제 선하신 주님을 더 자주 묵상하겠습니다.

하나님께서 제 삶을 인도해 가심을 믿고

긍정적으로 삶을 해석하겠습니다.

좋은 생각을 더 많이 하고

좋은 상상을 더 자주 하겠습니다.

잠 17:22

마음의 즐거움은 양약이라도 심령의 근심은 뼈를 마르게 하느니라

살아계신 하나님,

하나님께서 저를 사랑하신 것을 제가 압니다.

하나님께서 저를 사랑하신다는

가장 확실한 증거가

바로 주님의 십자가입니다.

하나님께서 저를 사랑하신다는

믿음이 흔들릴 때마다

십자가를 기억하고 십자가를 바라보고

십자가를 붙들겠습니다.

*

히 12:2

믿음의 주요 또 온전하게 하시는 이인 예수를 바라보자
그는 그 앞에 있는 기쁨을 위하여 십자가를 참으사
부끄러움을 개의치 아니하시더니 하나님 보좌 우편에 앉으셨느니라

02.23

온전케 하시는 주님,

배움에 늦은 때란 없습니다.

오늘이 배우기에 가장 좋은 때입니다.

주님께서 주신 재능을 잘 갈고닦아

사람을 돕고 세상을 축복하는 데

귀하게 쓰임 받고 싶습니다.

평생 배우고 훈련하는 일에

게으르지 않고

끊임없이 성장하고 자라가겠습니다.

오늘도 점점 더 자라나겠습니다.

*

롬 12:11

부지런하여 게으르지 말고 열심을 품고 주를 섬기라

치료의 하나님,

이 시간, 기도하는 모든 자에게

하나님의 만지심과

회복의 역사와 기적이

곳곳에서 일어나게 해주시옵소서.

우리를 구원하고 치유하시는

하나님을 찬양하는 소리가

온 땅에 가득히 울려 퍼지게 해주시옵소서.

*

시 103:3

그가 네 모든 죄악을 사하시며 네 모든 병을 고치시며

02.24

모든 일을 좋은 일이 되게 하시는 주님,
지금 제가 보는 것이 전부가 아님을 압니다.
제 삶에 일어나는 일 중에
우연히 일어나는 일은 없습니다.
저는 부분밖에 보지 못하지만,
하나님은 전체를 보며 제 삶을 인도해 가시니
지금은 불행한 일 같아 보일지라도
이 또한 하나님께서 사용하시는
놀라운 시간인 줄 믿습니다.

*

고전 2:9

기록된 바 하나님이 자기를 사랑하는 자들을 위하여 예비하신 모든 것은
눈으로 보지 못하고 귀로 듣지 못하고
사람의 마음으로 생각하지도 못하였다 함과 같으니라

11.04

은혜가 충만하신 아버지,

제게 아버지의 은혜가 필요합니다.

다른 어떤 것을 구하지 않습니다.

오직 한 가지, 은혜를 구합니다.

아버지, 은혜를 내려주시옵소서.

은혜로 덮어주시옵소서.

은혜로 충만케 해주시옵소서.

오늘 하나님의 은혜가 임할 줄 믿습니다.

*

고후 9:8

하나님이 능히 모든 은혜를 너희에게 넘치게 하시나니
이는 너희로 모든 일에 항상 모든 것이 넉넉하여
모든 착한 일을 넘치게 하게 하려 하심이라

02.25

어린양 되신 예수님,
주님의 십자가 보혈로
제 모든 더러운 죄악을 덮어주시고
저를 묶고 있는 모든 사슬을 풀어
자유케 하시니 감사합니다.
예수님의 십자가 능력이
저를 모든 질병에서
자유케 하셨음을 믿습니다.

✳

롬 8:2

이는 그리스도 예수 안에 있는 생명의 성령의 법이
죄와 사망의 법에서 너를 해방하였음이라

11.03

보이지 않지만 일하시는 주님,
저는 길을 잃은 줄 알았는데
주님께서 저의 길이 되어주셨고
방황하고 있는 줄 알았는데
주님의 계획 안에 있었습니다.
주님, 언제나 저와 함께하시고
저의 기도에 응답해주셔서 감사합니다.
주님, 사랑합니다.

*

요 14:6

예수께서 이르시되 내가 곧 길이요 진리요 생명이니
나로 말미암지 않고는 아버지께로 올 자가 없느니라

전능하신 주님,

주님께서 함께하셨기에

좋은 시간뿐만 아니라

없었으면 하는 시간조차

배우고 성장하는 기회가 됐고

즐거운 시간보다 힘든 시간에

더 많이 변화됐고

편안할 때보다 어려울 때

더 많이 성장했습니다.

주님, 함께해주셔서 감사합니다.

✳

히 2:18

그가 시험을 받아 고난을 당하셨은즉
시험 받는 자들을 능히 도우실 수 있느니라

사랑하는 주님,

주님께서 요셉과 함께하실 때

요셉이 형통한 자가 되고

하나님을 알지 못하던 그 주인도

하나님께서 요셉과 함께하시고

그를 형통케 하심을 볼 수 있었습니다.

오늘, 기도하는 저와도

주님께서 함께해주시옵소서.

자녀들과도 함께해주시옵소서.

*

창 39:2

여호와께서 요셉과 함께하시므로 그가 형통한 자가 되어

원수보다 더 크신 주님,
절망의 구덩이에 빠져 있을지라도
하늘이 열려 있음을 기억합니다.
나는 안 된다는
거짓된 믿음을 깨뜨려주시고
나는 실패자라는
오래된 사슬을 끊어주시옵소서.
저를 묶고 있는
모든 실패의 기억을 지워주시고,
자기연민의 덫에서 벗어나게 해주시옵소서.

*

시 42:11

내 영혼아 네가 어찌하여 낙심하며 어찌하여 내 속에서 불안해하는가
너는 하나님께 소망을 두라 나는 그가 나타나 도우심으로 말미암아
내 하나님을 여전히 찬송하리로다

저를 위해 십자가를 지신 주님,

음식을 대할 때마다

주님의 십자가 사랑을 기억합니다.

주님의 사랑이 저를 살리셨습니다.

그리고 이 음식으로

제가 살아갈 힘을 얻게 하셨으니

이 힘으로 맡기신 사명

잘 감당하겠습니다.

고전 10:31

그런즉 너희가 먹든지 마시든지 무엇을 하든지
다 하나님의 영광을 위하여 하라

모든 만남의 주관자가 되시는 주님,

사랑하는 _____에게

좋은 사람을 만나는 복을 주시옵소서.

믿음 안에서

생명을 아끼지 않고 사랑할 수 있는

좋은 영적 아비와 영적 자녀,

좋은 스승과 선배, 좋은 후배와 제자,

좋은 친구와 동역자를 만나는 복을 주시고,

저 또한 그런 복된 사람이 되게 해주시옵소서.

*

삼상 18:3

요나단은 다윗을 자기 생명같이 사랑하여 더불어 언약을 맺었으며

11

November

✳

따라만 해도 기도가 열리고
하루를 살아갈 힘을 얻는
영적 만나의 시간

평강의 주님,
참된 평안은
주님 안에서만 얻을 수 있기에
주님의 평안을 구합니다.
불안한 제게 평안을 내려주시옵소서.
모든 상황을 뛰어넘는 하나님의 평안으로
제 마음과 생각을 지켜주시옵소서.

요 14:27

평안을 너희에게 끼치노니 곧 나의 평안을 너희에게 주노라
내가 너희에게 주는 것은 세상이 주는 것과 같지 아니하니라
너희는 마음에 근심하지도 말고 두려워하지도 말라

10.31

거룩하신 주님,

세상 한복판에 살아가면서

세상의 가치를 따르지 않는 것이

쉽지 않습니다.

오늘도 마음을 새롭게 하고 생각을 바로잡아

하나님의 선하신 뜻,

하나님께서 기뻐하시는 뜻,

하나님의 온전한 뜻이 무엇인지 생각하고

그 뜻을 따라 사는 하루가 되게 해주시옵소서.

*

롬 12:2

너희는 이 세대를 본받지 말고 오직 마음을 새롭게 함으로 변화를 받아
하나님의 선하시고 기뻐하시고 온전하신 뜻이 무엇인지 분별하도록 하라

3

March

＊

따라만 해도 기도가 열리고
하루를 살아갈 힘을 얻는
영적 만나의 시간

새 힘을 주시는 주님,

지쳐서 모든 것을 포기하고 싶어도

다시 여호와를 앙망합니다.

더는 견딜 힘이 없고 쓰러질 것 같아도

안 될 거라는 부정적인 생각을 끊어내고,

해봐야 소용없다는 생각을 떨쳐냅니다.

멈추고 싶은 유혹을 이겨내고,

다시 전능하신 하나님의 손에 붙들려

하나님께서 주시는 새 힘으로

일어서게 해주시옵소서.

＊

시 71:14

나는 항상 소망을 품고 주를 더욱더욱 찬송하리이다

천지의 주재이신 아버지,
우리 선조들이
자유와 독립을 위해 생명을 바치며
일제의 식민 통치에 저항한 애국정신이
다시 우리 안에 흐르게 해주시옵소서.
3.1 운동의 비폭력 저항 정신으로
모든 불의에 평화로 맞서는 민족이 되고
주님께 영광을 돌리는 나라가 되도록
은혜와 자비를 내려주시옵소서.

마 5:9

화평하게 하는 자는 복이 있나니
그들이 하나님의 아들이라 일컬음을 받을 것임이요

지금 이곳에 임하신 주님,

주님을 예배할 때

모든 깨어지고 상한 것들이 회복되고,

하나님께서 허락하신

구원의 기쁨이 흘러넘치고,

가슴에서부터 우러나오는

감사가 흘러넘치고,

하늘의 평안이 흘러넘치게 해주옵소서.

시 66:4

온 땅이 주께 경배하고 주를 노래하며 주의 이름을 노래하리이다 할지어다

복되신 주님,
이 시간 주님의 이름으로
사랑하는 자녀를 축복합니다.

"주님의 평강이 네게 임하고
주님의 은혜로 충만할지어다.
너를 따르는 이들이 별처럼 많아지고
열방이 너로 인해 복을 받을지어다.
너로 인해 많은 사람이 주님을 만나고
하나님께 돌아오게 될지어다."

＊

창 12:2

내가 너로 큰 민족을 이루고 네게 복을 주어 네 이름을 창대하게 하리니
너는 복이 될지라

10.28

좋은 친구를 허락하신 주님,
좋을 때나 힘들 때나
늘 제 곁을 지켜주고 제 의견을 존중하고
제가 잘되기를 바라는 마음에
어려운 이야기도 용기 내 나눠준
고마운 친구를 주셔서 감사합니다.
제가 잘되기를 진심으로 기도하고
제게 좋은 일이 있을 때
저보다 더 기뻐하고 응원해주는
친구가 있다는 것이 큰 축복입니다.

*

잠 27:9

기름과 향이 사람의 마음을 즐겁게 하나니
친구의 충성된 권고가 이와 같이 아름다우니라

생명의 양식이 되시는 주님,
매일 밥을 먹어야 살 수 있듯이
매일 하나님의 입에서 나오는 말씀을
먹어야 사람답게 살 수 있습니다.
오늘도 생명의 말씀을 들려주셔서
어떤 시험도 이길 수 있는
힘과 능력을 얻게 하시고
제 삶 또한 배고픈 누군가의
양식이 되게 해주시옵소서.

마 4:4

예수께서 대답하여 이르시되 기록되었으되 사람이 떡으로만 살 것이 아니요
하나님의 입으로부터 나오는 모든 말씀으로 살 것이라 하였느니라 하시니

10.27

아버지 하나님,
오늘 하루 상황이 어떻게 흘러가든
저는 은혜 받은 사람이고
하나님의 자녀라는 이 놀라운 사실을
오늘 하루 가슴 깊이 새기고 살겠습니다.
불평하기보다 감사하겠습니다.
짜증 내기보다 기뻐하겠습니다.
모든 두려움을 담대함으로 바꿔주시고
끝까지 포기하지 않는 믿음을 주시옵소서.

*

빌 2:15

이는 너희가 흠이 없고 순전하여 어그러지고 거스르는 세대 가운데서
하나님의 흠 없는 자녀로 세상에서 그들 가운데 빛들로 나타내며

좋으신 하나님,

오늘도 주님께서 함께하시기에

제 안에 열정이 솟아납니다.

생기가 돌고, 생명력이 넘쳐납니다.

무엇을 해도 잘될 것 같은 예감이 듭니다.

기분이 좋습니다.

자신감이 있습니다.

하나님께서 잘되게 하실 것을 믿습니다.

✳

롬 15:13

소망의 하나님이 모든 기쁨과 평강을 믿음 안에서 너희에게 충만하게 하사
성령의 능력으로 소망이 넘치게 하시기를 원하노라

교회를 통해 일하시는 주님,
우리 교회가 복음을 살아내고
복음을 자랑하게 해주시옵소서.
복음을 경험하고,
그리스도의 제자를 세우고,
하나님의 나라를 위해 헌신하는
놀라운 복음의 역사가
우리 교회를 통해 매일매일
일어나게 해주시옵소서.

＊

롬 1:16

내가 복음을 부끄러워하지 아니하노니
이 복음은 모든 믿는 자에게 구원을 주시는 하나님의 능력이 됨이라

긍휼을 베푸시는 주님,

하나님을 하나님으로 인정하지 않았던

저의 죄를 인정하고, 회개합니다.

이 시간 예수 그리스도의 보혈로

저의 모든 죄를 용서해주시옵소서.

예수님을 제 삶의 구원자와

주님으로 고백합니다.

이 시간 성령의 불을 내려주시옵소서.

---

*

행 2:38

너희가 회개하여 각각 예수 그리스도의 이름으로 세례를 받고 죄 사함을 받으라
그리하면 성령의 선물을 받으리니

10.25

"이 시간, 예수 그리스도의
이름으로 선포할 때
우리 가정을 묶고 있는
모든 두려움은 떠나갈지어다.
우울하게 하는 어둠의 영은
모두 떠나갈지어다.
끊임없이 죄의 길에 서게 하는
악한 생각과 절망도 떠나갈지어다.
믿음을 흔들어대는 모든 악한 마귀 권세는
예수 이름 앞에 굴복할지어다!"

✳

빌 2:10

하늘에 있는 자들과 땅에 있는 자들과 땅 아래에 있는 자들로
모든 무릎을 예수의 이름에 꿇게 하시고

잃어버린 한 영혼을 찾으시는 주님,

죄인 된 저를 구원하기 위해

스스로 이 땅에 오셔서

제가 받아야 할 고난을 대신 받으시고

제가 죽어야 할 죽음을 대신 죽으심으로

저를 구원하신 이 놀라운 복음이

사랑하는 _____의 마음에

생생한 음성으로 들려주시옵소서.

자신의 힘으로 할 수 있는 것이

아무것도 없음을 알게 해주시옵소서.

*

엡 1:7

우리는 그리스도 안에서 그의 은혜의 풍성함을 따라
그의 피로 말미암아 속량 곧 죄 사함을 받았느니라

10.24

좋으신 하나님,

새날을 허락하시고,

기도로 하루를 열게 하시니 감사합니다.

주님, 감사할수록 감사할 일들이

더욱 풍성해지는 것을 압니다.

오늘 하루를 살아가면서

주어진 모든 상황과 사람과 일에

감사하는 마음으로 살아가겠습니다.

＊

살전 5:18

범사에 감사하라 이것이 그리스도 예수 안에서
너희를 향하신 하나님의 뜻이니라

03.07

귀하신 주님,
저를 잊지 않고 기억해주셔서 감사합니다.
잊혀질 수 없도록 주님의 손바닥에
제 이름을 깊이 새겨주시니 감사합니다.
주님만 저를 기억하시면 됩니다.
이제 지나간 일은 다 잊어버리고
다시 소망을 품고 살아가겠습니다.
새 일을 행하실 주님을 바라보며
힘차게 전진하겠습니다.

*

사 49:16
내가 너를 내 손바닥에 새겼고 너의 성벽이 항상 내 앞에 있나니

10.23

원수보다 강하신 주님,

주님보다 더 안전한 곳이 없기에

제가 주님께 피합니다.

주님을 의지할 때

주님께서 예비하신 사람들을

만나는 복을 주시고

주님께서 예비하신 은혜를

경험하는 복을 주시고

주님께서 예비하신 피할 길을

찾는 복을 주시옵소서.

*

시 138:7

내가 환난 중에 다닐지라도 주께서 나를 살아나게 하시고
주의 손을 펴사 내 원수들의 분노를 막으시며
주의 오른손이 나를 구원하시리이다

"사랑하는 딸아,
사랑하는 아들아!
이제 두려워하지 않아도 돼.
불안해하지 않아도 돼.
언제나 내가 너보다 먼저 가서
모든 것을 준비해놓을 거야.
내가 너와 항상 함께할 거야.
나는 절대 너를 떠날 수 없고,
결코 너를 버릴 수 없어.
나는 네 아빠거든."

신 31:8

여호와 그가 네 앞에서 가시며 너와 함께하사
너를 떠나지 아니하시며 버리지 아니하시리니
너는 두려워하지 말라 놀라지 말라

겸손하고 온유하신 주님,
자기 마음을 다스리지 못하면
어떻게 원하는 것을 얻으며
어떻게 큰일을 감당할 수 있겠습니까.
주님, 제 마음에 쿠션이 필요합니다.
마음을 다스리는 지혜를 주시고
마음을 얻는 은혜를 주시옵소서.

잠 25:28
자기의 마음을 제어하지 아니하는 자는
성읍이 무너지고 성벽이 없는 것과 같으니라

고난을 기적으로 바꾸시는 주님,
시련이 닥쳤다고
삶을 포기하지 않겠습니다.
기도한 대로 응답되지 않아도
낙심하고 주저앉아
주님을 원망하지 않겠습니다.
패배감과 자기연민에 빠져
세월을 낭비하지 않겠습니다.
저를 깎아내리는
부정적인 말을 멈추겠습니다.

＊

시 37:24

그는 넘어지나 아주 엎드러지지 아니함은
여호와께서 그의 손으로 붙드심이로다

10.21

위로자 되신 하나님,
육아로 지친 엄마들을 위해 기도합니다.
하루하루 고단하게 살아내면서도
'내가 과연 엄마의 자격이 있나'
하는 고민으로 힘겨워하는
이 땅의 엄마들을 위로해주시옵소서.
사랑하는 주님을 믿음의 유산으로
물려주기 위해 애쓰는
이 땅의 모든 엄마를 마음껏 축복합니다.
복 내려주시옵소서.

*

사 40:11

그는 목자같이 양 떼를 먹이시며 어린 양을 그 팔로 모아 품에 안으시며
젖먹이는 암컷들을 온순히 인도하시리로다

복을 넘치도록 부어주시는 하나님.

하나님께서 축복하시기에

저는 하는 일마다 다 잘될 것입니다.

주님께서 아낌없이 베풀어주시니

무슨 일을 해도 잘될 것입니다.

예산이 부족해서 못 할 일이 없고

손대는 일마다 넉넉하게 해낼 것입니다.

넘치는 열매를 맺게 될 것입니다.

주님께서 함께하시기에 잘될 것입니다.

* ❋ *

시 34:10

젊은 사자는 궁핍하여 주릴지라도
여호와를 찾는 자는 모든 좋은 것에 부족함이 없으리로다

약속을 이루시는 주님,

저는 마음이 약하고 두려움이 많지만

주님께서 강하고 담대하라 하시니

그 말씀에 순종하겠습니다.

이제 두려워하고 놀라지 않겠습니다.

제가 어디로 가든지

주님께서 저와 함께하시고

제가 어디에 있든지

주님께서 제 안에 계시니

이제 겁내지 않겠습니다.

✳

수 1:9

강하고 담대하라 두려워하지 말며 놀라지 말라
네가 어디로 가든지 네 하나님 여호와가 너와 함께하느니라 하시니라

03.11

영광스러운 주님,
더 이상 이 세대를
본받아 살지 않겠습니다.
어둠에 있지 않겠습니다.
빛 되신 주님을 바라보겠습니다.
하나님의 선하신 뜻을 따르겠습니다.
하나님께서 기뻐하시는 길로 가겠습니다.
예수님과 동행하는 삶을 살아가겠습니다.

✳

눅 1:79

어둠과 죽음의 그늘에 앉은 자에게 비치고
우리 발을 평강의 길로 인도하시리로다 하니라

저를 기뻐하시는 주님,

주님의 은혜를 고백합니다.

제가 하나님의 자녀가 된 것은

주님의 사랑 때문입니다.

수없이 넘어져도 여전히 살 수 있는 것은

주님의 사랑 때문입니다.

주님의 사랑이 저를 살렸고

주님의 은혜가 저를 살아가게 하십니다.

＊

삼상 12:22

여호와께서는 너희를 자기 백성으로 삼으신 것을 기뻐하셨으므로
여호와께서는 그의 크신 이름을 위해서라도
자기 백성을 버리지 아니하실 것이요

선하신 주님,
주님께서 저보다
더 좋은 계획을 갖고 계시니
모든 상황을 주님께 맡깁니다.
짜증과 불평으로 상황을
더 악화시키지 않도록
제 마음을 지켜주시옵소서.
주어진 상황을 받아들이고
마음의 평안을 잃지 않게 해주시옵소서.

*

시 29:11

여호와께서 자기 백성에게 힘을 주심이여
여호와께서 자기 백성에게 평강의 복을 주시리로다

10.18

풍성한 삶을 살게 하시는 하나님,

저는 하나님께 속한 사람입니다.

저의 시민권은 하늘에 있습니다.

하나님께 속한 백성들을

주님께서 놀랍게 축복하심을 믿습니다.

하는 일마다 다 잘되고

오늘보다 내일 더 좋아질 것입니다.

이번 달보다 다음 달은 더 잘될 것입니다.

올해보다 내년은 더 성장할 것입니다.

＊

시 84:11

여호와 하나님은 해요 방패이시라 여호와께서 은혜와 영화를 주시며
정직하게 행하는 자에게 좋은 것을 아끼지 아니하실 것임이니이다

03.13

저의 입술을 주목하시는 주님,
힘들고 어려울 때 불평하기보다
감사를 먼저 고백하고
주님이 이루실 일을 앞서 선포하는
믿음의 입술이 되게 하옵소서.
지혜로운 말로 사람을 살리고
소망의 주님을 전하는
복된 입술이 되게 해주시옵소서.
제 입술에 기도와 찬양이
멈추지 않게 해주시옵소서.

*

잠 4:24
구부러진 말을 네 입에서 버리며 비뚤어진 말을 네 입술에서 멀리하라

위대하신 주님,

아무리 광야 길이 힘겨워도

주님은 광야보다 더 크십니다.

언제나 가장 좋은 것을 주는 분이십니다.

이제 신세 한탄과 원망을 멈추겠습니다.

무기력한 제 모습을 바라보며

절망하는 것을 멈추겠습니다.

힘들어도 포기하지 않겠습니다.

힘들수록 더 간절히 기도하겠습니다.

고단할수록 더욱더 깨어 예배하겠습니다.

＊

욥 23:10

그러나 내가 가는 길을 그가 아시나니
그가 나를 단련하신 후에는 내가 순금같이 되어 나오리라

좋으신 하나님,
오늘 하는 일마다
좋은 일이 가득하게 하시고,
오늘 만나는 사람마다
좋은 만남이 되게 하시고,
순간순간 기도할 때마다
주님이 귀 기울여 들으시고
응답해주실 것을 믿습니다.
오늘도 좋은 소식이 들려오는
하루가 될 줄 믿습니다.

*

시 10:17

여호와여 주는 겸손한 자의 소원을 들으셨사오니
그들의 마음을 준비하시며 귀를 기울여 들으시고

10.16

새 일을 행하시는 주님,
제 마음과 입술을 지켜주시옵소서.
오늘 무슨 일을 만나도
피곤하다 말하지 않겠습니다.
힘들다고 말하지 않겠습니다.
어렵다고 말하지 않겠습니다.
사람들을 보며
원망하고 불평하지 않겠습니다.
믿음으로 생각하고
긍정적으로 말하겠습니다.

*

잠 22:11

마음의 정결을 사모하는 자의 입술에는
덕이 있으므로 임금이 그의 친구가 되느니라

사랑하는 주님,

메마른 제 삶에

시원한 샘물처럼 오시옵소서.

한 뼘의 거리도 느껴지지 않을 만큼

제게 가까이 다가와 주시옵소서.

고단한 제 삶에

소망 되신 주님을 보여주시고

지쳐있는 제게

따뜻한 음성을 들려주시옵소서.

시 73:28

하나님께 가까이함이 내게 복이라
내가 주 여호와를 나의 피난처로 삼아 주의 모든 행적을 전파하리이다

소망 되신 주님,

눈앞의 상황이 절망적이지만

일을 만들며 성취하시는 주님께서

완벽한 계획을 세우고

저를 인도해 가시기에

저는 오늘도 소망을 품습니다.

온 우주의 최종 결정권자인

주님께서 제 편이시기에

제 삶은 주님의 계획대로 되고

주님의 말씀대로 되는 줄 믿습니다.

잠 29:26

주권자에게 은혜를 구하는 자가 많으나
사람의 일의 작정은 여호와께로 말미암느니라

신실하신 하나님,

눈에 보이는 것이 아무것도 없고

귀에 들리는 것이 아무것도 없고

손에 잡히는 것이 아무것도 없을지라도

믿음의 눈을 들어

살아계신 하나님을 보게 하시고,

사랑하는 주님의 음성을 듣게 하시고

하나님께서 일으키시는 기적 같은 일들을

경험하는 하루가 되게 해주시옵소서.

＊

고후 5:7

이는 우리가 믿음으로 행하고 보는 것으로 행하지 아니함이로라

눈동자처럼 돌보시는 주님,
주님이 제게 주신 최고의 선물은
바로 오늘입니다.
지나간 과거에 매이지 않고
오지 않은 내일에 묶이지 않게
도와주시옵소서.
바꿀 수 없는 문제에 빠져 있지 않고
바꿀 수 있는 해결책에 집중하는
하루가 되게 해주시옵소서.

✳

마 6:34

그러므로 내일 일을 위하여 염려하지 말라
내일 일은 내일이 염려할 것이요 한 날의 괴로움은 그 날로 족하니라

전능하신 주님,

제 삶이 아무것도 아닌 것 같고

모든 것을 잃은 것처럼 느껴지지만

저는 수천수만 가지의 은혜를 받았고

고난보다 훨씬 더 큰 복을 받았습니다.

저는 한 호흡도 더할 수 없었지만

주님의 은혜로 막힌 숨이 뚫렸고

주님의 도우심으로 하루하루를 버텼습니다.

주님이 계셔서 고난도 복이 되고

시련도 별이 되었습니다.

＊

롬 8:18

생각하건대 현재의 고난은 장차 우리에게 나타날 영광과 비교할 수 없도다

가정을 주신 하나님,
이 땅의 형제자매들이
주님이 세우시는 거룩하고 아름다운
가정을 꿈꾸게 해주시옵소서.
하나님의 주인 되심을 인정하고,
함께 하나님을 높이고 예배드리는
믿음의 가정을 소원하며,
하나님을 경외하는 복된 가정을
사모하게 해주시옵소서.

＊

잠 19:14

집과 재물은 조상에게서 상속하거니와
슬기로운 아내는 여호와께로서 말미암느니라

03.18

제 삶의 주인 되신 하나님,

저의 가치는 이미

하나님에 의해 결정되었습니다.

아무리 오랜 시간이 흘러도

결코 하나님께서 포기할 수 없는

존재가 바로 저입니다.

제가 어떤 존재인지 분명하게 기억하고

얼마나 아름다운 존재인지

생각하며 오늘을 살겠습니다.

오늘은 다른 사람을 부러워하지 않겠습니다.

---

*

벧전 2:9

너희는 택하신 족속이요 왕 같은 제사장들이요
거룩한 나라요 그의 소유가 된 백성이니 이는 너희를 어두운 데서 불러내어
그의 기이한 빛에 들어가게 하신 이의 아름다운 덕을 선포하게 하려 하심이라

10.12

강하신 주님,
여전히 제게 문제가 많지만
그래도 감사하고 기뻐하는
건강한 마음을 주셔서 감사하고,
고난에 무너지지 않고 다시 일어서는
단단한 마음을 주셔서 감사하고,
폭풍 속에서도 주님을 바라보는
마음의 눈을 열어주셔서 감사합니다.
오늘도 최선을 다해 감사를 선택하겠습니다.

*

시 28:7

여호와는 나의 힘과 나의 방패이시니
내 마음이 그를 의지하여 도움을 얻었도다
그러므로 내 마음이 크게 기뻐하며 내 노래로 그를 찬송하리로다

은혜를 베푸시는 주님,

주님께서 허락하지 않으시면

아무것도 안 됩니다.

저희가 풍성한 삶을 사는 것은

주님께서 때에 맞게

은혜의 단비를 내리시고

열매를 맺게 하셨기 때문입니다.

오늘도 제때 주시는 하나님의 은혜가

가득한 하루가 되게 해주시옵소서.

*

신 11:14

여호와께서 너희의 땅에 이른 비, 늦은 비를 적당한 때에 내리시리니
너희가 곡식과 포도주와 기름을 얻을 것이요

10.11

높고 위대하신 하나님,
언제나 하나님의 생각이
제 생각보다 탁월했고
하나님의 계획이
제 계획보다 완벽했습니다.
오늘도 주님의 계획을 따르고
주님의 길을 걷겠습니다.
차원이 다르게 살게 하실
주님을 따라가겠습니다.

*

사 55:8

이는 내 생각이 너희의 생각과 다르며
내 길은 너희의 길과 다름이니라 여호와의 말씀이니라

03.20

빛 되신 주님,
저는 어둠이 두렵지 않습니다.
주님의 영광이 항상 저의 앞길을
환하게 비추고 있기 때문입니다.
저를 막아선 사람이 누구든
저를 막아선 상황이 어떻든
사람 앞에 기죽지 않고
상황 앞에 주눅 들지 않겠습니다.
저와 함께하시는 주님을 신뢰하며
모든 장애물을 뛰어넘겠습니다.

✳

삼하 22:30

내가 주를 의뢰하고 적진으로 달리며
내 하나님을 의지하고 성벽을 뛰어넘나이다

은혜로우신 주님,

우리의 기도보다 앞서 이미 하나님께서

_____의 가정을 위해

새로운 생명을 예비하셨음을 믿습니다.

이 가정에 새 생명을 허락해주시옵소서.

이 가정에 귀한 자녀를 허락해주시옵소서.

생명이 잉태되는 복을 주시옵소서.

소중한 아이를 품에 안을 수 있도록

주님의 놀라운 계획을 이루어주시옵소서.

*

삼상 1:27

이 아이를 위하여 내가 기도하였더니
내가 구하여 기도한 바를 여호와께서 내게 허락하신지라

03.21

저의 걸음을 인도하시는 하나님,
제 삶에 우연은 없습니다.
제 계획대로 일이 되지 않을 때
하나님의 더 좋은 계획이 이루어지고 있고,
잠깐 제 눈에 실패인 것처럼 보여도
결국은 하나님의 놀라운 섭리였음을
고백하게 될 줄 믿습니다.

*

창 45:8
그런즉 나를 이리로 보낸 이는 당신들이 아니요 하나님이시라

놀라우신 하나님,
저를 막아선 어떤 원수보다
저를 도우시는 하나님이 더 크시고,
제 앞의 문제가 크다 해도
제 안의 주님은 훨씬 더 크십니다.
희망이 없고 안 된다는 사람들의 말이
상식적이고 논리적일지라도
하나님은 상식과 논리를 뛰어넘어
역사하는 분이십니다.
저는 확률이 아니라 하나님을 믿습니다.

*

시 92:5

여호와여 주께서 행하신 일이 어찌 그리 크신지요
주의 생각이 매우 깊으시니이다

잘하지 못해도 괜찮다 하시는 주님,

제가 모든 것을 다 잘할 수 없습니다.

할 수 없는 것을 걱정하지 않고

할 수 있는 것에 집중하고

부족한 것보다 잘한 것에 감사하고

어제보다 조금 더 좋아진 것에

기뻐하도록 도와주시옵소서.

쉬는 것을 두려워하지 않고

쉴 때 쉬고 일할 때 일하는

여유를 갖게 해주시옵소서.

시 55:22

네 짐을 여호와께 맡기라

그가 너를 붙드시고 의인의 요동함을 영원히 허락하지 아니하시리로다

"사랑하는 아들아, 사랑하는 딸아!
눈물이 날 때는 울어도 괜찮아.
우는 것은 부끄러운 것이 아니야.
눈물이 난다는 것은
네가 그만큼 진심이었고
그만큼 최선을 다했다는 것이니까.
울어도 괜찮아.
많이 힘들지?
네가 얼마나 최선을 다하고 있는지
내가 알고 있단다."

시 56:8
나의 유리함을 주께서 계수하셨사오니 나의 눈물을 주의 병에 담으소서
이것이 주의 책에 기록되지 아니하였나이까

자비로우신 주님,
제가 입술로 지은 죄를 용서해주시옵소서.
감정을 주체하지 못하고
소중한 사람에게 화를 냈습니다.
더러운 말과 추한 말과 속이는 말로
하나님을 근심하게 했습니다.
이제 모든 부정적인 말을 멈추고
생명력 있는 말로 제 입술을 채우게
도와주시옵소서.

＊

엡 5:4
누추함과 어리석은 말이나 희롱의 말이 마땅치 아니하니
오히려 감사하는 말을 하라

10.07

놀라우신 하나님,
오늘은 사람들의 시선보다
주님의 시선을 의식하겠습니다.
사람들의 인정을 구하기보다
이미 하나님께 인정받았음을 기억하겠습니다.
사람들의 부정적인 말을 곱씹는
나쁜 습관을 버리고
온종일 하나님의 말씀을 묵상하고
하나님을 바라보겠습니다.

*

시 119:15
내가 주의 법도들을 작은 소리로 읊조리며 주의 길들에 주의하며

오늘은 하나님의 능력이
임하는 날이 될 줄 믿습니다.
하나님의 지혜가
부어지는 날이 될 줄 믿습니다.
모든 면에서 성장하는
하루가 될 줄 믿습니다.
꿈과 소원이 이뤄지는
기막힌 하루가 될 줄 믿습니다.

＊

시 20:4
네 마음의 소원대로 허락하시고 네 모든 계획을 이루어 주시기를 원하노라

10.06

살아계신 주님,

이제 저는 죽었습니다.

우월감과 열등감에 빠져 사는

저는 죽었습니다.

두려움과 외로움에 허덕이는

저는 죽었습니다.

자기중심적인 저는 십자가에 못 박혔고

제 안에 주님이 사십니다.

이제 저는 주님의 뜻을 구하며 살 것입니다.

주님의 뜻을 따라 살 것입니다.

갈 2:20

내가 그리스도와 함께 십자가에 못 박혔나니 그런즉 이제는
내가 사는 것이 아니요 오직 내 안에 그리스도께서 사시는 것이라

소망 되신 주님,

제게 희망을 주셔서 감사합니다.

이제 질병이 치유되고

빚더미에서 벗어나고

관계가 좋아지고

꿈이 이뤄질 것을 믿습니다.

모든 상황이 역전되고

새로운 자리로 나아가고

본 적 없는 은혜를

누리게 될 것을 소망합니다.

*

롬 8:24

우리가 소망으로 구원을 얻었으매
보이는 소망이 소망이 아니니 보는 것을 누가 바라리요

믿음으로 역사하시는 주님,

제게 히스기야처럼 온전히 주님을

신뢰하는 믿음을 주시옵소서.

날마다 주님 안에 거하고 주님과 동행하며

주님의 말씀을 따라 살아가는

믿음의 사람이 되게 해주시옵소서.

어디에 있든 무엇을 하든

주님께서 함께하셔서

형통하게 해주시옵소서.

＊

히 11:6

믿음이 없이는 하나님을 기쁘시게 하지 못하나니
하나님께 나아가는 자는 반드시 그가 계신 것과 또한
그가 자기를 찾는 자들에게 상 주시는 이심을 믿어야 할지니라

자비로우신 주님,

하나님을 하나님으로 인정하지 않고

제 삶의 주인이 되어

하나님을 거역하며 살아온 저는 죄인입니다.

하나님의 도움 없이도 얼마든지

잘 살 수 있다고 생각하며 살았습니다.

그런 죄인임에도 불구하고 저를 사랑하셔서

벌하지 않으시고, 저를 살리시기 위해

하나님의 아들이신 예수 그리스도를

이 땅에 보내주셔서 감사합니다.

*

요 3:16

하나님이 세상을 이처럼 사랑하사 독생자를 주셨으니
이는 그를 믿는 자마다 멸망하지 않고 영생을 얻게 하려 하심이니라

10.04

새날을 주신 주님,
기도로 시작하는 이 하루가 참 좋습니다.
지나간 실패는 모두 잊고
주님께서 행하실 새 일을 기대합니다.
상황에 제한받지 않으시는 주님께서
오늘 마음껏 역사하시도록
저의 하루를 주님께 맡겨드립니다.
꿈꿀 수 없던 일이 이루어지고
꿈만 같은 일이 현실이 되는
기적 같은 하루가 될 줄 믿습니다.

*

시 37:5

네 길을 여호와께 맡기라 그를 의지하면 그가 이루시고

저를 위해 싸우시는 주님,

주님께서 저와 함께하시고

저를 대신해 싸워주시고

저를 책임져주시니

제가 어떤 역경 속에 있어도 감사합니다.

이제 역경에 시선을 고정하지 않고

역경보다 더 크신 주님을 바라보겠습니다.

역경 앞에 두려워하는 것이 아니라

주님의 말씀으로 담대하게 해주시옵소서.

✳

신 3:22

너희는 그들을 두려워하지 말라
너희의 하나님 여호와께서 친히 너희를 위하여 싸우시리라 하였노라

10.03

저의 앞길을 예비해두신 주님,
아무리 높아 보이는 장벽도
하나님의 은혜보다 낮고,
저를 공격하는 원수가 아무리 강해도
하나님의 능력에 비길 수 없습니다.
주어진 상황이 최악이어도
하나님은 언제나 역전시키십니다.
하나님의 완벽한 일하심으로
오늘도 승리할 줄 믿습니다.

*

시 118:6
여호와는 내 편이시라
내가 두려워하지 아니하리니 사람이 내게 어찌할까

만남의 복을 주시는 하나님,

만날수록 서로

더욱더 성장하고 성숙해지는 사람.

함께 있으면 대화가 통하고

마음이 하나 되는 사람.

존재만으로 가슴이 뛰고,

더 잘 살고 싶게 만드는 사람.

헤어질 때면 아쉽고, 또 만나고 싶은 사람.

그런 사람을 만나는 복을 주시옵소서.

＊

잠 27:17

철이 철을 날카롭게 하는 것같이 사람이 그의 친구의 얼굴을 빛나게 하느니라

저희를 끝까지 사랑하시는 주님,

부모님이 늙어 백발이 되어도

하나님께서 부모님의

하나님이 되어주시옵소서.

부모님을 업고 품어주시옵소서.

주님께서 돌봐주시고,

보살펴주시고 지켜주시옵소서.

언제나 주님께서 의지할 곳이 되어주시옵소서.

*

사 46:4

너희가 노년에 이르기까지 내가 그리하겠고
백발이 되기까지 내가 너희를 품을 것이라
내가 지었은즉 내가 업을 것이요 내가 품고 구하여 내리라

회복의 은혜를 베푸시는 주님,

신앙의 회복은 말씀의 회복입니다.

믿음의 회복은 예배의 회복입니다.

주님을 경외하는 마음과 주의 말씀을

사모하는 마음을 주시옵소서.

이제 말씀을 들을 때 노트에 적어가며

"아멘"을 외치겠습니다.

두 손을 높이 들고 힘껏 찬양하겠습니다.

기도할 때는 가장 큰 소리로

부르짖어 기도하겠습니다.

요 4:24

하나님은 영이시니 예배하는 자가 영과 진리로 예배할지니라

이 민족의 주권자이신 하나님,
한반도의 정세가 어렵습니다.
이 고난의 시간을 통해
우리 민족이 다시 주님 앞에 서고,
하나님을 경외하고 사랑하며
하나님을 신뢰하는 민족으로
거듭나게 해주시옵소서.
하나님을 믿는 믿음을 회복하고
하나님께 신뢰받는 민족으로
다시 태어나게 해주시옵소서.

시 33:12

여호와를 자기 하나님으로 삼은 나라
곧 하나님의 기업으로 선택된 백성은 복이 있도다

03.30

제 편이 되어주시는 주님,
세상이 저를 반대해도
주님이 제 편이시면 저는 충분합니다.
저의 집안이 별 볼 일 없고
제 능력이 형편없고 상황은 최악이어도
주님은 모든 것을 한순간에 역전시키십니다.
제가 구하거나 생각하는 것보다
넘치도록 부어주시고 아낌없이 베푸신 주님,
주님이 제 편이시기에 저는 충분합니다.

＊

엡 3:20

우리 가운데서 역사하시는 능력대로
우리가 구하거나 생각하는 모든 것에 더 넘치도록 능히 하실 이에게

10

October

*

따라만 해도 기도가 열리고
하루를 살아갈 힘을 얻는
영적 만나의 시간

03.31

주인 되신 하나님,

제 삶을 여기까지 인도하신 분은

하나님이십니다.

저는 주님을 사랑하고,

주님을 의지하며 따르겠습니다.

주님보다 더 사랑했던 것을 내려놓고

주님보다 더 의지했던 것을 내려놓습니다.

모든 우상을 내려놓고 주님만 섬기겠습니다.

---

*

수 24:14

그러므로 이제는 여호와를 경외하며 온전함과 진실함으로 그를 섬기라
너희의 조상들이 강 저쪽과 애굽에서 섬기던 신들을 치워버리고
여호와만 섬기라

전능하신 하나님,
저는 부족하지만 제 안에 계신 주님이
모든 것을 할 수 있는 전능한 분이시기에
주님께서 모든 것을 이루실 줄 믿습니다.
상황이 불리하고 응답이 더딜지라도
저는 계속 기도하겠습니다.
아무 일도 일어나지 않고
어떻게 될지 전혀 알 수 없어도
그래도 저는 계속 걸어가겠습니다.

*

시 34:17
의인이 부르짖으매 여호와께서 들으시고 그들의 모든 환난에서 건지셨도다

4

April

＊

따라만 해도 기도가 열리고
하루를 살아갈 힘을 얻는
영적 만나의 시간

자유케 하시는 주님,
이 상황에서 당장 벗어나지 못해도
낙심하지 않겠습니다.
제 힘으로 어찌할 수 없는 일은
하나님께서 어찌하시겠다는 뜻이기에
저는 제가 할 수 있는 일에
최선을 다하겠습니다.
기뻐하고 감사하는 일에 열심을 내고
예배하고 찬양하고 기도하는 일에
다시 힘쓰겠습니다.

욥 14:14

장정이라도 죽으면 어찌 다시 살리이까
나는 나의 모든 고난의 날 동안을 참으면서 풀려나기를 기다리겠나이다

성실하신 하나님,
제가 하는 이 일이 하나님의 일이라는
믿음과 확신을 품고 일하겠습니다.
정직하고 진실한 모습으로
하나님을 섬기는 마음으로
탁월하게 일하게 해주시옵소서.
어떤 일이든지 감사와 기쁨으로 하고
친절을 베풀면서 일하게 해주시옵소서.

엡 6:6

눈가림만 하여 사람을 기쁘게 하는 자처럼 하지 말고
그리스도의 종들처럼 마음으로 하나님의 뜻을 행하고

09.28

하나 되게 하시는 성령님,
제 삶에 깨어진 모든 관계를
회복시켜주시옵소서.
사랑하는 가족과 갈등을 빚고 있습니다.
작은 오해로 친구와 멀어졌습니다.
힘든 사람들로 직장생활이 고통스럽습니다.
깨어진 관계를 회복시킬
힘과 용기를 주시옵소서.

✽

고후 5:18

모든 것이 하나님께로서 났으며 그가 그리스도로 말미암아
우리를 자기와 화목하게 하시고 또 우리에게 화목하게 하는 직분을 주셨으니

04.02

마음의 주인이신 하나님,
삶이 마음에 달려 있음을 기억합니다.
오늘도 마귀는 제 마음에
근심의 씨앗을 뿌려대지만
저는 주님 말씀의 씨앗을 뿌리겠습니다.
기도의 씨앗을 뿌리겠습니다.
소망의 씨앗을 뿌리겠습니다.
마음을 잘 가꾸고 관리해서
얼굴에 생기가 도는 삶을 살겠습니다.

＊

잠 15:13
마음의 즐거움은 얼굴을 빛나게 하여도 마음의 근심은 심령을 상하게 하느니라

09.27

만물의 주권자이신 하나님,

오늘 저에게

여호수아의 믿음을 주시옵소서.

해를 향해 선포하고

달을 향해 선포할 수 있는

담대한 믿음을 주시옵소서.

하나님의 능력을 제한하지 않고

과감하게 구할 수 있는

믿음을 주시옵소서.

＊

수 10:12

여호수아가 여호와께 아뢰어 이스라엘의 목전에서 이르되
태양아 너는 기브온 위에 머무르라 달아 너도 아얄론 골짜기에서 그리할지어다 하매

승리의 주님,
수많은 원수가 저를 공격하고
사탄이 저를 무너뜨리려 해도
눈동자같이 저를 지켜주시고
크신 날개 그늘 아래 감춰주시니
주님, 저의 영혼은 평안합니다.
주님, 사랑합니다.
주님, 감사합니다.
주님, 찬양합니다.

*

시 17:9

내 앞에서 나를 압제하는 악인들과
나의 목숨을 노리는 원수들에게서 벗어나게 하소서

나의 힘이 되신 주님,

주님께서 허락하신 어려움이라면

능히 감당할 힘도 주시고

피할 길도 준비해놓으셨다 약속하셨죠.

제가 감당 못 할 어려움이라면

이것은 주님께서 허락하신 고난이 아니기에

주님을 원망하지 않겠습니다.

정신을 차리고 주님을 붙들겠습니다.

주님과 함께 이 고난을 이겨내겠습니다.

*

고전 10:13

사람이 감당할 시험밖에는 너희가 당한 것이 없나니
오직 하나님은 미쁘사 너희가 감당하지 못할 시험 당함을 허락하지 아니하시고
시험 당할 즈음에 또한 피할 길을 내사 너희로 능히 감당하게 하시느니라

위로의 하나님,
제 마음을 예수님으로 가득 채워주시니
감사합니다.
모든 염려와 근심 걱정이 사라지고
하늘의 위로와 소망이 넘치게 하시니
감사합니다.
찬양의 입술이 열리게 하시고
기도의 영을 부어주시니 감사합니다.

*

사 41:10

두려워하지 말라 내가 너와 함께함이라 놀라지 말라 나는 네 하나님이 됨이라
내가 너를 굳세게 하리라 참으로 너를 도와주리라
참으로 나의 의로운 오른손으로 너를 붙들리라

선하신 주님,

피곤하다고 낙심하지 않고

지친다고 포기하지 않게 해주시옵소서.

옳은 일을 할 때도 피곤할 수 있고

선한 일을 할 때도 지칠 수 있다는 것을

기억하게 해주시옵소서.

포기하지 않으면 열매를 거두게 하시고

멈추지만 않는다면

주님께서 반드시 이루실 것을 믿습니다.

✳

살후 3:13

형제들아 너희는 선을 행하다가 낙심하지 말라

처음과 끝을 모두 알고 계시는 하나님,

지혜로운 삶은

하나님을 경외하는 것입니다.

통찰력이 있는 삶은

거룩하신 주님처럼

어디에도 매이지 않는 삶입니다.

제게 하나님을 경외하는 마음을 주시고

거룩하신 주님을 날마다 더 깊이

알아가게 해주시옵소서.

＊

잠 9:10

여호와를 경외하는 것이 지혜의 근본이요
거룩하신 자를 아는 것이 명철이니라

합력하여 선을 이루게 하시는 하나님,
부족한 저를 한 지체로 받아주고
제가 혼자가 아니라는 것을 일깨워준
교회를 만난 것은 주님의 은혜입니다.
저를 지지하고 격려해주는 공동체가
인생의 어려운 순간에 큰 힘이 되었습니다.
넘어질 때 일으켜 세워주는 공동체 덕분에
힘든 시간을 견딜 수 있었고,
그들의 기도로
고난을 헤쳐나갈 힘을 얻었습니다.

*

고전 12:26

만일 한 지체가 고통을 받으면 모든 지체가 함께 고통을 받고
한 지체가 영광을 얻으면 모든 지체가 함께 즐거워하느니라

04.06

저희의 기도를 들어주시는 주님,
저의 탄식에 귀 기울여주시고
제 기도를 들어주세요.
제발 그만 숨어 계시고 이제 응답해주세요.
불안하고 두려운 제 마음을 주님은 아시죠.
억울하고 답답한 제 심정을 주님은 아시죠.
속상하고 원통한 제 마음을 주님은 아시죠.
제발 제 마음을 헤아려주시고 위로해주세요.

＊

시 40:1

내가 여호와를 기다리고 기다렸더니
귀를 기울이사 나의 부르짖음을 들으셨도다

완전하신 하나님,
저의 한계를 인정하지 않는
완벽주의의 우상을 무너뜨려 주시옵소서.
내가 저 사람보다 뛰어나다는
교만을 깨뜨려 주시옵소서.
사람들에게 인정받기 위한 노력을
멈추게 해주시옵소서.

*

잠 11:2
교만이 오면 욕도 오거니와 겸손한 자에게는 지혜가 있느니라

복의 근원이신 하나님,

주님 같은 분이 없습니다.

제 삶의 가장 큰 축복은 주님이십니다.

오늘도 주님께 나아갑니다.

피난처 되신 주님을 의지합니다.

주님, 저를 지켜주시고

은혜를 내려주시옵소서.

＊

시 16:2

내가 여호와께 아뢰되 주는 나의 주님이시오니
주밖에는 나의 복이 없다 하였나이다

하나님 아버지,

제가 사랑하는 자녀들에게

화를 내는 부모가 되지 않되

자녀들의 삶에 무관심한 부모도

되지 않게 해주시옵소서.

마땅히 해야 할 책망과

꾸지람을 피하지 않고

부모의 책임을 다하게 해주시옵소서.

잠 29:15

채찍과 꾸지람이 지혜를 주거늘
임의로 행하게 버려둔 자식은 어미를 욕되게 하느니라

"사랑하는 아들아, 딸아!
인생은 열심보다 방향이 중요하단다.
지금보다 더 열심히 산다고
삶이 의미 있어지는 게 아니란다.
네가 누구와 함께하느냐가 중요한 거야.
네가 내 안에 있을 때
네 삶의 수고가 헛되지 않단다.
정말 의미 있게 살고 싶다면
내게 더 가까이 나오너라.
내 안에 참된 행복이 있단다."

고전 15:58

그러므로 내 사랑하는 형제들아 견실하며 흔들리지 말고
항상 주의 일에 더욱 힘쓰는 자들이 되라
이는 너희 수고가 주 안에서 헛되지 않은 줄 앎이라

09.21

사랑하는 주님,
이 땅의 청년들을 위해 기도합니다.
아직 미숙하고 부족하며
무엇 하나 자신할 수 없지만
하나님께서 주신 놀라운 능력과
에너지와 가능성이 저들 안에 있습니다.
능력이 부족하다고 삶을 제한하지 않고,
하나님의 능력을 신뢰하며
마음껏 꿈꾸고 도전하게 해주시옵소서.
주어진 삶을 소중히 여기게 해주시옵소서.

*

잠 3:5
너는 마음을 다하여 여호와를 신뢰하고
네 명철을 의지하지 말라

전능하신 주님,

오늘은 주님의 돌보심 가운데

주님께서 준비하신 뜻밖의 사람을 만나고

주님께서 예비하신 반전의 상황이 일어나고

주님께서 준비하신 놀라운 기회가 찾아오고

주님께서 마련하신 재정이 채워지고

주님께서 계획하신 꿈이 이루어지며

주님께서 예비하신 특별한 은혜를

입게 될 줄 믿습니다.

＊

신 28:8

여호와께서 명령하사 네 창고와 네 손으로 하는 모든 일에 복을 내리시고
네 하나님 여호와께서 네게 주시는 땅에서 네게 복을 주실 것이며

09.20

사랑하는 주님,
슬픈 눈물을 멈추고
탄식 소리를 잊게 된 것은
하나님의 은혜입니다.
잃어버린 웃음을 되찾고
즐거운 노래를 부르며
마음이 춤을 추게 된 것은
하나님의 놀라운 은혜입니다.
그 은혜가 제 삶을 천국으로 바꿨습니다.

✳

사 51:11

여호와께 구속받은 자들이 돌아와 노래하며 시온으로 돌아오니 영원한 기쁨이
그들의 머리 위에 있고 즐거움과 기쁨을 얻으리니 슬픔과 탄식이 달아나리이다

04.10

우리의 힘이 되시는 여호와 하나님,
이 땅의 청년들에게
어떤 장애물을 만나도 반드시 이기겠다는
굳은 의지와 강인한 마음을 주시옵소서.
실패를 두려워하거나 상처받지 않고,
다시 도전하고 또 도전하여
계속 성장하고 자라가게 해주시옵소서.
고난을 겪으면서 좌절하는 것이 아니라
두려움을 직면하고 극복할 수 있는
힘과 용기를 주시옵소서.

*

합 3:19
주 여호와는 나의 힘이시라
나의 발을 사슴과 같게 하사 나를 나의 높은 곳으로 다니게 하시리로다

열정과 끈기를 주시는 하나님,
자기 힘을 의지하는 자는
자신의 한계를 직면할 때
반드시 후회하게 됩니다.
주님, 저는 제 힘으로 살지 않고
하나님을 의지하며 살겠습니다.
수없이 넘어져도 다시 일어서는 끈기는
주님께서 주시는 것입니다.
그 끈기를 제게 주시옵소서.

*

잠 24:16

대저 의인은 일곱 번 넘어질지라도 다시 일어나려니와
악인은 재앙으로 말미암아 엎드러지느니라

제 마음과 생각의 주인이신 하나님,
하나님의 불을 내려주셔서
저의 모든 부정적인 생각을
태워주시옵소서.
저를 파괴하는 생각을 멈추고
저를 주저앉게 만드는 생각을 멈추고
이제 저를 일으키시는 하나님을
바라보게 해주시옵소서.

＊

시 51:10

하나님이여 내 속에 정한 마음을 창조하시고
내 안에 정직한 영을 새롭게 하소서

09.18

우리 주 예수 그리스도의 십자가 은혜로
제가 자유케 되었습니다.
외모에 대한 열등감에서 자유케 되었습니다.
가정에 대한 열등감에서 자유케 되었습니다.
가난에 대한 열등감에서 자유케 되었습니다.
학벌에 대한 열등감에서 자유케 되었습니다.
비교의식에서 자유케 되었습니다.
패배의식에서 자유케 되었습니다.
이 시간 모든 열등감에서
자유케 되었음을 선포합니다.

*

요 8:32

진리를 알지니 진리가 너희를 자유롭게 하리라

04.12

아름다우신 주님,

산과 바다,

숲과 들판,

넓은 하늘과 해달별,

이 아름다운 자연을 허락하셔서 감사합니다.

저를 둘러싼 광활하고 장엄한 자연 속에서

창조주 하나님의 위엄을 느낍니다.

＊

시 19:1

하늘이 하나님의 영광을 선포하고
궁창이 그의 손으로 하신 일을 나타내는도다

09.17

평강의 주 하나님,

주님을 의지하면

불안했던 마음에 평안이 깃들고

주님께 나아가면

화가 났던 마음도 안정이 됩니다.

주님을 바라보면

우울했던 마음이 기쁨으로 변하고

주님 안에 있으면

외로웠던 마음이 감사로 채워집니다.

주님, 오늘도 감사합니다.

---

*

시 9:10

여호와여 주의 이름을 아는 자는 주를 의지하오리니
이는 주를 찾는 자들을 버리지 아니하심이니이다

04.13

성령님,
죄의 길에서 돌이키게 하시고
생명의 숨결을 불어넣어 주시니
감사합니다.
이제 모든 부정적인 말과 저주를
십자가로 묶습니다.
부서진 마음을 회복시키고
잃어버린 삶을 되찾아 주시니
감사합니다.

*

행 3:19

그러므로 너희가 회개하고 돌이켜 너희 죄 없이 함을 받으라
이같이 하면 새롭게 되는 날이 주 앞으로부터 이를 것이요

09.16

버림당한 마음을 아시는 주님,
아무도 자신에게 관심 없는 것 같고
쓸모없는 사람처럼 느껴져 외로운
_____를 위해 기도합니다.
외로움을 잊기 위해 빠져 있었던
모든 삶의 자리와 중독에서 건져주시옵소서.
하나님으로부터 시선을 돌리게 했던
모든 죄의 길에서 돌이키게 하시고,
사랑하는 사람들을 바라보지 못하게 했던
모든 것에서 건져주시옵소서.

✳

시 25:16
주여 나는 외롭고 괴로우니 내게 돌이키사 나에게 은혜를 베푸소서 사랑이 많으신 하나님 아버지!

사랑하는 _____가

말씀을 가까이하며 살게 하셔서,

선과 악을 분별하고

아버지의 뜻을 분별하는

지혜를 얻게 하시고,

그 뜻에 순종하며 살아가게 해주시옵소서.

*

수 1:8

이 율법책을 네 입에서 떠나지 말게 하며
주야로 그것을 묵상하여 그 안에 기록된 대로 다 지켜 행하라
그리하면 네 길이 평탄하게 될 것이며 네가 형통하리라

우리의 힘과 도움이 되시는 하나님,
주님께서 허락하신 삶을
잘 살아내고 싶습니다.
후회 없이 살고 싶습니다.
싸움꾼 야곱을 승리자 이스라엘로 바꾸신
주님께 제 삶을 맡기겠습니다.
지극히 높으신 주님을 의지하고
주님의 다스림을 받고 주님을 따라갈 때
참된 행복과 진정한 성공이 있음을 믿습니다.

시 146:5

야곱의 하나님을 자기의 도움으로 삼으며
여호와 자기 하나님에게 자기의 소망을 두는 자는 복이 있도다

긍휼이 풍성하신 주님,
저는 지혜도 부족하고 힘도 없습니다.
아는 것도 없고 아는 사람도 없습니다.
이 고난의 자리에서
제가 의지할 분은 주님뿐입니다.
제겐 주님밖에 없습니다.
주님, 저를 잊지 않으셨죠.
저를 기억하고 계시죠.
제게 긍휼을 베풀어주시고
저를 불쌍히 여겨주시옵소서.

시 103:13
아버지가 자식을 긍휼히 여김같이
여호와께서는 자기를 경외하는 자를 긍휼히 여기시나니

우리의 진정한 부모이신 주님,
사춘기는 자녀가 부모로부터 독립해
스스로 삶을 선택하고 책임지는
훈련을 받는 중요한 시기입니다.
모두가 힘들어하는 이 시기에
부모인 저희가 낙심하거나 포기하지 않고
부모로서 배워야 할 것을 겸손하게 배우며
지혜롭게 이 시기를 넘길 수 있도록
도와주시옵소서.

*

엡 6:4

또 아비들아 너희 자녀를 노엽게 하지 말고
오직 주의 교훈과 훈계로 양육하라

마음이 깨끗한 자를 기뻐하시는 주님,
제게 순전한 마음을 주시옵소서.
주님의 은혜만이
저를 진실하게 하고
주님의 보혈만이
저를 깨끗하게 하심을 믿습니다.
오늘도 주의 보혈로 덮으사
흰 눈보다 더 희게 해주시옵소서.

*

시 51:7

우슬초로 나를 정결하게 하소서 내가 정하리이다
나의 죄를 씻어주소서 내가 눈보다 희리이다

인생의 모든 시간을
다 알고 보살펴시는 주님,
중년의 때를 위기의 시간이라 하지만
이 시간도 하나님께서 허락하신
아름다운 시간임을 고백합니다.
인생의 가장 아름다운 시간으로
이 시기를 보낼 수 있도록,
이 시기의 모습 또한
아름답게 바라볼 수 있도록
은혜를 베풀어주시옵소서.

＊

전 3:11

하나님이 모든 것을 지으시되 때를 따라 아름답게 하셨고
또 사람들에게는 영원을 사모하는 마음을 주셨느니라
그러나 하나님이 하시는 일의 시종을 사람으로 측량할 수 없게 하셨도다

죽음이 다가온 순간에도
죄로 죽을 저를 위해 기도하신 주님,
주님의 사랑을 어떻게
다 표현할 수 있겠습니까.
이 세상의 모든 언어, 모든 말을 다 합쳐도
주님의 사랑을 표현하기에 부족합니다.
주님, 감사합니다.
주님의 십자가 사랑이 저를 살렸습니다.

✳

엡 2:4,5

긍휼이 풍성하신 하나님이 우리를 사랑하신 그 큰 사랑을 인하여
허물로 죽은 우리를 그리스도와 함께 살리셨고 (너희는 은혜로 구원을 받은 것이라)

온 세상보다 더 크신 하나님,

제가 모든 것을 가진 것도 아니고

모든 것을 다 잘할 수는 없지만

주님의 뜻을 이루기에 조금도 부족함이 없고

주님 안에서 이미 충분합니다.

주님께서 저를 가장 완벽하게 지으셨고

그 주님께서 지금 제 안에 계신 것을 믿습니다.

*

요일 4:13

그의 성령을 우리에게 주시므로 우리가 그 안에 거하고
그가 우리 안에 거하시는 줄을 아느니라

04.18

주님,

주님의 십자가를 제 마음속에 받아들입니다.

주님이 가신 십자가의 길을 저도 걷겠습니다.

힘들고 고통스러울지라도

제게 허락하신 십자가를 지고

기꺼이 주님을 따르겠습니다.

주님의 고난을 생각하며

이전의 생각과 삶의 방식을 버리고

주님을 따르겠습니다.

＊

눅 9:23

또 무리에게 이르시되 아무든지 나를 따라오려거든 자기를 부인하고
날마다 제 십자가를 지고 나를 따를 것이니라

09.11

사람의 입을 만들고 말을 주신 하나님,
매는 것도 푸는 것도 제가 하는 것입니다.
이제부터 매는 말을 멈추고
푸는 말을 하며 살겠습니다.
"예수 그리스도의 이름으로 명하노니
오늘 내 인생을 묶고 있는
모든 묶음은 풀어질지어다.
예수 그리스도의 이름으로 명하노니
나의 걸음을 묶고 있는
모든 사슬은 끊어질지어다."

*

마 18:18

진실로 너희에게 이르노니 무엇이든지 너희가 땅에서 매면 하늘에서도 매일 것이요
무엇이든지 땅에서 풀면 하늘에서도 풀리리라

사랑하는 주님,

주님의 손으로 저를 지으시고

저를 향한 분명한 목적과 놀라운 계획을

이루어가시니 감사합니다.

저를 위해 예수님을 이 땅에 보내주시고,

저의 모든 죄를 용서하고

자녀 삼아주시니 감사합니다.

＊

엡 1:11

모든 일을 그의 뜻의 결정대로 일하시는 이의 계획을 따라
우리가 예정을 입어 그 안에서 기업이 되었으니

사랑이 풍성하신 주님,
상황을 뛰어넘는 평안을 얻고
조건을 넘어서는 기쁨을 누리게 하시니
감사합니다.
주님을 예배하는 감격을 누리고
주님의 임재 안에 살게 하시니
감사합니다.

＊

시 5:7
오직 나는 주의 풍성한 사랑을 힘입어 주의 집에 들어가
주를 경외함으로 성전을 향하여 예배하리이다

새 생명을 주신 예수님,

이 시간 저의 죄를 회개합니다.

주님, 저를 용서해주시옵소서.

하나님의 아들이신 예수님이

제 모든 죄를 용서하시고

저를 죄와 사망에서 구원하시려

저 대신 십자가에서 죽으시고

부활하신 것을 제가 믿습니다.

롬 6:9

이는 그리스도께서 죽은 자 가운데서 살아나셨으매
다시 죽지 아니하시고 사망이 다시 그를 주장하지 못할 줄을 앎이로라

거룩하신 하나님,

우리 몸은 하나님의 성전입니다.

몸을 건강하게 할 뿐만 아니라,

거룩하신 성령님과 어울리도록

거룩하고 아름답게 가꿔가게 해주시옵소서.

몸을 잘 가꿀 뿐만 아니라 잘 사용하도록

지혜와 분별력을 허락해주시옵소서.

✳

고전 3:16

너희는 너희가 하나님의 성전인 것과
하나님의 성령이 너희 안에 계시는 것을 알지 못하느냐

04.21

능력이 한이 없으신 하나님,
저는 능력에 한계가 있고
주님 없이는 아무것도 할 수 없지만
주님 안에서는 모든 것을 할 수 있습니다.
제 안에 계신 주님의 놀라운 능력을 믿고
더 높이 생각하고, 더 크게 꿈을 꾸고,
더 과감하게 도전하겠습니다.
주님께서 주시는 새로운 꿈에
저의 온 마음을 쏟겠습니다.

*

마 19:26
예수께서 그들을 보시며 이르시되
사람으로는 할 수 없으나 하나님으로서는 다 하실 수 있느니라

"사랑하는 딸아,
나는 너를 떠나지 않아.
사랑하는 아들아,
나는 너를 버리지 않아.
어떻게 얻은 너인데 너를 떠나며
얼마나 사랑하는 너인데 너를 버리겠니.
혼자라고 느껴질 땐 십자가를 바라봐.
불안할 때마다 십자가를 기억해.
내가 너를 이렇게 사랑한단다, 이렇게."

사 49:15
여인이 어찌 그 젖 먹는 자식을 잊겠으며
자기 태에서 난 아들을 긍휼히 여기지 않겠느냐
그들은 혹시 잊을지라도 나는 너를 잊지 아니할 것이라

하나님께서 지으신 지구를

돌보지 못한 것을 회개합니다.

무분별한 생활로 지구를 함부로 사용하고

파괴한 것을 회개합니다.

환경 오염과 기후 변화의

심각성을 깨닫지 못하고

지구를 소중히 여기지 못한 것을 회개합니다.

주님, 용서해주시옵소서.

위기에 처한 지구를 살려주시옵소서.

신음하고 있는 지구를 지켜주시옵소서.

시 145:9

여호와께서는 모든 것을 선대하시며 그 지으신 모든 것에 긍휼을 베푸시는도다

09.07

저를 행복한 사람이라 불러주시는 주님,
돌이켜 보면 그동안 행복하지 못했던 것은
행복을 선택하지 않았던 저 때문이었습니다.
어쩌면 그렇게도 잘못된 부분을 잘 찾아내는지요!
있는 것보다 없는 것만 생각하고
잘된 일보다 안된 일을 곱씹고
고마운 사람보다 힘들게 한 사람을 떠올리면서
삶을 불행하게 했습니다.
주님, 더 이상 살던 대로 살지 않겠습니다.
하나님께서 허락하신 것을 잘 누리겠습니다.

*

롬 1:21
하나님을 알되 하나님을 영화롭게도 아니하며 감사하지도 아니하고
오히려 그 생각이 허망하여지며 미련한 마음이 어두워졌나니

04.23

찬양과 경배를 받기에 합당하신 하나님,
저희 가정이 하나님을 경외하는
가정이 되게 해주시옵소서.
하나님을 사랑하며, 하나님을 섬기는
믿음의 가정이 되게 해주시옵소서.
마음이 불안하다고 다른 신을 찾지 않겠습니다.
언제나 마음을 다해 하나님을 예배하며
말씀에 순종하겠습니다.

✳

신 4:40

오늘 내가 네게 명령하는 여호와의 규례와 명령을 지키라 너와 네 후손이 복을 받아
네 하나님 여호와께서 네게 주시는 땅에서 한없이 오래 살리라

공감하시는 하나님,
우리의 탄식 소리를 들으시고
마침내 이 모든 환난에서 건져내실
주님을 바라봅니다.
주님은 우리의 회복이 더뎌도
조급해하지 않으시고
끝까지 기다려주시고
우리와 함께해주십니다.
이 시간 주님의 따뜻한 사랑이
마음에 느껴지게 해주시옵소서.

✳

시 6:4
여호와여 돌아와 나의 영혼을 건지시며 주의 사랑으로 나를 구원하소서

04.24

모든 이름 위에 뛰어나신 주님,
제게 배우고 성장할 수 있는
기회를 주셔서 감사합니다.
하나님의 말씀을 배우고
하나님의 뜻을 깨닫고
하나님의 마음을 알게 하시니 감사합니다.
가슴 뛰는 꿈을 허락하시고
열정을 가지고 배우고
성장하게 하시니 감사합니다.

＊

시 119:66
내가 주의 계명들을 믿었사오니 좋은 명철과 지식을 내게 가르치소서

사랑하는 주님,
제가 어리석은 자같이
하나님을 멀리하지 않게 해주시옵소서.
하나님을 경외하는 마음으로
주님의 말씀에 귀 기울이게 하시고,
주님의 보좌 앞에 겸손히
엎드리는 삶이 되게 해주시옵소서.

*

잠 1:7
여호와를 경외하는 것이 지식의 근본이거늘
미련한 자는 지혜와 훈계를 멸시하느니라

04.25

하늘에 계신 우리 하나님,
하나님의 나라는
하나님의 뜻이 이루어지는 곳입니다.
아버지의 뜻에 관심이 없으면서
어떻게 아버지의 나라에 살 수 있겠습니까.
제 뜻이 이루어지는 것보다
하나님의 뜻이 이루어지는 것이
훨씬 더 좋다는 것을 압니다.
저를 통해 하나님의 뜻이 이뤄지고
주님의 뜻이 저의 뜻이 되게 해주시옵소서.

✳

마 6:33

그런즉 너희는 먼저 그의 나라와 그의 의를 구하라
그리하면 이 모든 것을 너희에게 더하시리라

죽기까지 저희를 사랑하신 주님,
예수님의 십자가 사랑을 의지하여
살아계신 주님 앞에 섭니다.
저를 불쌍히 여겨주시고,
긍휼히 여겨주시옵소서.
저의 연약함 그대로
저의 부족함 그대로
아버지의 넓은 품에 저를 안아주시옵소서.
사랑으로 감싸주시는 아버지의 품에 안겨
주의 얼굴을 보기 원합니다.

＊

히 4:16

그러므로 우리는 긍휼하심을 받고 때를 따라 돕는 은혜를 얻기 위하여
은혜의 보좌 앞에 담대히 나아갈 것이니라

04.26

주님을 의지하고
주님께 소망을 두는 자에게
새 힘을 주겠다고 약속하신 주님!
이 시간 믿음으로 주님을 의지하고
믿음으로 주님을 바라봅니다.
새 마음을 허락하시고
새 힘을 허락해주시옵소서.
독수리가 날개 치며 올라가듯
다시 힘차게 날아오르게 해주시옵소서.

*

사 40:31

오직 여호와를 앙망하는 자는 새 힘을 얻으리니
독수리가 날개 치며 올라감 같을 것이요
달음박질하여도 곤비하지 아니하겠고 걸어가도 피곤하지 아니하리로다

09.03

제 아버지와 어머니의 부모이신 하나님,

사랑하는 부모님을 축복합니다.

날마다 하나님의 말씀 안에 거하는

복을 주시옵소서.

종일토록 주의 말씀에 붙들려 사는

복을 주시옵소서.

쉬지 않고 기도하는 복을 주시고

기도의 응답을 받는 복을 주시옵소서.

잠 23:25

네 부모를 즐겁게 하며 너를 낳은 어미를 기쁘게 하라

04.27

저희에게 꿈과 미래를 주시는 하나님,

오늘은 제 인생의 가장 젊은 날입니다.

이 시간이 결코 영원하지 않습니다.

주변의 시선이나 사람들의 말 때문에

하고 싶은 일을 포기하지 않겠습니다.

내면에서 들려오는 부정적인 생각 때문에

꿈을 포기하지 않겠습니다.

언젠가 저의 삶에 대해

하나님께서 계산하실 것을 기억하며

마음껏 꿈을 펼쳐보겠습니다.

*

전 11:9

청년이여 네 어린 때를 즐거워하며 네 청년의 날들을 마음에 기뻐하여
마음에 원하는 길들과 네 눈이 보는 대로 행하라
그러나 하나님이 이 모든 일로 말미암아 너를 심판하실 줄 알라

저를 친구라 불러주시는 주님,
마음이 외로울 때마다
내가 너와 함께 있다고 말씀해주시고
지치고 힘들 때마다
주님의 손으로 꼭 붙잡아주시옵소서.
그리움이 밀려올 때
자비로운 손길로 어루만져주시고,
미안한 마음과 후회스러운 마음도
주님 앞에 모두 내려놓게 해주시옵소서.

*

시 27:14
너는 여호와를 기다릴지어다 강하고 담대하며 여호와를 기다릴지어다 어린양 되신 예수님.
예수님은 십자가로 저를 용서해주셨는데,
저는 용서하지 않았습니다.
저의 분노에 사로잡혀서
하나님의 사람들을 미워했습니다.
제 마음에 들지 않는다고
다툼을 일으키고 관계를 깨뜨렸습니다.
사람들을 무시하고 판단했습니다.
주님, 용서해주시옵소서.

*

골 3:13

누가 누구에게 불만이 있거든 서로 용납하여 피차 용서하되
주께서 너희를 용서하신 것같이 너희도 그리하고

모든 묶임을 풀어내시는 주님,
주님께서 말씀하실 때
수십 년간 묶여있던 결박이 끊어지고
매인 것이 한순간에 풀어졌습니다.
주님, 제게도 말씀해주시옵소서.

"예수 그리스도의 이름으로 명하노니
낙심과 절망의 영아, 내게서 떠나가라.
우리 가정에서 떠나가라.
이곳에서 떠나가라."

시 107:13,14

이에 그들이 그 환난 중에 여호와께 부르짖으매 그들의 고통에서 구원하시되
흑암과 사망의 그늘에서 인도하여 내시고 그들의 얽어맨 줄을 끊으셨도다

여호와 닛시, 승리의 주님,
전쟁은 하나님께 속해있습니다.
승리는 하나님의 것입니다.
이김이 주께 있습니다.
낙심의 영이 저를 흔들어댈 때
저는 크신 주님을 바라보겠습니다.
죄의 유혹이 찾아올 때
십자가의 진리를 선포하겠습니다.
포기하고 싶은 생각이 들 때
승리하신 주님을 찬양하겠습니다.

잠 21:31
싸울 날을 위하여 마병을 예비하거니와 이김은 여호와께 있느니라

9

September

———— ✳ ————

따라만 해도 기도가 열리고
하루를 살아갈 힘을 얻는
영적 만나의 시간

의로우신 하나님,

언제나 최고의 선택이 무엇인지 아시는

지혜로우신 하나님을 찬양합니다.

제게 언제나 진실만을 말씀하시는

진리 되신 하나님을 찬양합니다.

불법을 행하지 않으시고,

언제나 바른길을 걷고 의로운 선택을 하시는

의로우신 주님을 찬양합니다.

*

시 147:5

우리 주는 위대하시며 능력이 많으시며 그의 지혜가 무궁하시도다

08.31

순종을 기뻐하시는 하나님,
주님의 역사는
할 수 있는 게 아무것도 없고
이미 다 끝난 것 같은 상황에서도
여전히 기회가 있다고 믿고
순종하는 자들을 통해 일어났습니다.
믿음으로 내딛는 걸음 위에
주님께서 함께하시고
믿음으로 붙드는 작은 손 위에
주님의 큰 손을 덮어주시옵소서.

*

딤전 4:16

네가 네 자신과 가르침을 살펴 이 일을 계속하라
이것을 행함으로 네 자신과 네게 듣는 자를 구원하리라

5

May

───────── ✳ ─────────

따라만 해도 기도가 열리고
하루를 살아갈 힘을 얻는
영적 만나의 시간

08.30

전능하신 주님,

오늘도 믿음의 선한 싸움을 싸우겠습니다.

어떤 고난이 와도 믿음으로 굳게 서서

마귀를 대적하겠습니다.

하나님의 말씀을 가까이하겠습니다.

온유한 마음을 지켜내겠습니다.

경건을 연습하고 사랑으로 섬기겠습니다.

어떤 견고한 진도 무너뜨리는

하나님의 능력과 권세를 사용하겠습니다.

하나님으로 완전 무장하겠습니다.

*

약 4:7

그런즉 너희는 하나님께 복종할지어다
마귀를 대적하라 그리하면 너희를 피하리라

빛 되신 주님,

일터에서는 제가 빛이고 소금입니다.

제가 하나님을 기쁘시게 하는 일꾼으로서

일할 수 있도록 도와주시옵소서.

무슨 일을 하든지

예수님께 하듯 일하게 하시고,

예수님을 위해 하듯 일하게 해주시옵소서.

골 3:23

무슨 일을 하든지 마음을 다하여 주께 하듯 하고
사람에게 하듯 하지 말라

소원을 이뤄주시는 하나님,

오늘도 가장 좋은 것으로

제 삶을 채워주시는 하나님을 찬양합니다.

저의 피난처가 되시며

안식처가 되시는 하나님을 찬양합니다.

저의 작은 것 하나까지도 잊지 않고

칭찬하고 격려해주시는 하나님을 찬양합니다.

시 103:5

좋은 것으로 네 소원을 만족하게 하사
네 청춘을 독수리같이 새롭게 하시는도다

05.02

높이 계신 주님,
오늘도 제 영혼을 향해
주님의 놀라우심을 선포합니다.

"내 영혼아, 주님을 송축하라.
주님의 은혜를 기억하며 주께 감사하라."

주님, 감사의 태도를 평생 몸에 지니고
감사의 능력으로 살게 해주시옵소서.

*

시 103:2
내 영혼아 여호와를 송축하며 그의 모든 은택을 잊지 말지어다

08.28

좋으신 하나님,

제게 사랑하는 가족과 친구를

허락하셔서 감사합니다.

영적인 리더를 만나는 복을 주시고

믿음의 형제자매와 아름다운 교제를 나누고

낯선 사람들에게까지

따뜻하고 친절한 호의를

받게 하시니 감사합니다.

✳

시 133:1

보라 형제가 연합하여 동거함이 어찌 그리 선하고 아름다운고

자비로우신 주님,

사춘기를 보내고 있는 _____가

건강하게 이 시간을 보낼 수 있도록

도와주시옵소서.

이 시기에 하나님 안에서

놀라운 꿈을 꾸게 하시고

새로운 일에 도전하는 것과

실패하는 것을 두려워하지 않으며

어떤 상황도 성장의 기회로 삼는

좋은 태도를 지니게 해주시옵소서.

*

잠 3:6

너는 범사에 그를 인정하라 그리하면 네 길을 지도하시리라

08.27

저를 꼭 안아주시는 하나님,
하나님과 함께할 때
제 마음은 쉼을 얻습니다.
하나님과 함께할 때
제 마음은 평안합니다.
하나님의 품에 안길 때
제 영혼은 고요합니다.
하나님의 사랑 안에
제 영혼이 참된 안식을 누립니다.

*

시 17:8
나를 눈동자같이 지키시고 주의 날개 그늘 아래에 감추사

기도를 도우시는 주님,
기도의 영이신 성령께서
잠들어 있는 제 영을 깨워주시고
굳게 닫힌 기도의 입술을 열어주시며
저의 기도를 도우심을 믿습니다.
이 시간 저의 기도를 성령님께 의탁합니다.
성령님, 인도해주시옵소서.

*

엡 5:14

그러므로 이르시기를 잠자는 자여 깨어서 죽은 자들 가운데서 일어나라
그리스도께서 너에게 비추이시리라 하셨느니라

중심을 보시는 하나님,

예수님을 거부하고

자기를 자랑하는 세상에서

예수님을 사랑하고

예수님을 자랑하며 살기 원합니다.

주님께서 중요하게 여기는 것을

저도 중요하게 여기겠습니다.

제게 주님의 시선과 주님의 마음을 주시고

주님의 마음에 합한 자로 살게 해주시옵소서.

*

삼상 16:7

여호와께서 사무엘에게 이르시되 그의 용모와 키를 보지 말라
내가 이미 그를 버렸노라 내가 보는 것은 사람과 같지 아니하니
사람은 외모를 보거니와 나 여호와는 중심을 보느니라 하시더라

05.05

선하신 주님,

사랑하는 _____(자녀 이름)가

하나님을 알고, 사랑하고, 경외하는

사람으로 자라나게 해주시옵소서.

사랑하는 _____에게

건강과 만남의 복을 주시고,

물질의 복을 내려주시옵소서.

날마다 지혜가 자라게 하시고

일평생 형통한 삶을 살아가는

복을 주시옵소서.

＊

시 127:3

보라 자식들은 여호와의 기업이요 태의 열매는 그의 상급이로다

08.25

좋은 태도에 감동받으시는 주님,

제게 성실이 뒷받침되지 않은 채

어떻게 성공할 수 있겠습니까.

늘 쫓기듯이 허둥지둥 살면서

어떻게 나누며 살 수 있겠습니까.

주님께서 허락하신 삶을

주도적으로 살아가게 하시고

적극적으로 살아내게 해주시옵소서.

앞서 생각하고 먼저 움직이게 해주시옵소서.

*

잠 21:5

부지런한 자의 경영은 풍부함에 이를 것이나
조급한 자는 궁핍함에 이를 따름이니라

05.06

선하신 주님,

오늘도 주님을 바라보며

주님의 은혜를 선포합니다.

주님의 일하심과 주님의 능력을 선포합니다.

고난 중에도 선하신 주님을 찬양하겠습니다.

주님의 은혜를 선포하고

왕 되신 주님을 높이겠습니다.

선하신 주님을 끝까지 신뢰하겠습니다.

*

시 145:1

왕이신 나의 하나님이여
내가 주를 높이고 영원히 주의 이름을 송축하리이다

열방을 사랑하시는 하나님,

선교사님을 통해 그 땅 가운데

하나님의 마음이 전해지게 해주시옵소서.

가장 아름답고 변치 않는 사랑,

하나님의 십자가 사랑이 전해지고

땅끝에 선 모든 영혼이 주님 앞에 돌아와

소망 되신 주님을 바라보게 해주시옵소서.

메마르고 가난한 그 땅 위에

성령의 단비를 부어주옵소서.

＊

행 13:47

주께서 이같이 우리에게 명하시되 내가 너를 이방의 빛으로 삼아
너로 땅끝까지 구원하게 하리라 하셨느니라

사랑스러우신 주님,

하루를 시작하기 전

제게 사랑한다고

속삭여주셔서 감사합니다.

하루를 시작하면서

사랑하는 주님을 가장 먼저

부를 수 있어서 감사합니다.

주님, 언제나 저와 함께하시며

좋은 친구가 되어주셔서 감사합니다.

*

시 5:3

여호와여 아침에 주께서 나의 소리를 들으시리니
아침에 내가 주께 기도하고 바라리이다

다음세대를 사랑하시는 주님,

우리 자녀들이

십자가의 복음을 경험한

은혜의 세대가 되게 해주시옵소서.

예수 그리스도를 인격적으로 만나고,

구원의 기쁨과 구원의 감격을

가지고 살아가는 거룩한 세대가

되게 해주시옵소서.

*

욜 2:28

그 후에 내가 내 영을 만민에게 부어주리니 너희 자녀들이 장래 일을 말할 것이며
너희 늙은이는 꿈을 꾸며 너희 젊은이는 이상을 볼 것이며

기도를 들으시는 주님,

존경하는 부모님에게

눈이 흐려지지 않는 건강과

장수의 복을 주시옵소서.

부모님의 입술에 자녀들을 향한

축복의 기도가 넘쳐나게 해주시옵소서.

자녀들 마음의 소리를

들을 줄 아는 부모 되게 하시고,

자녀들의 생각과 의견을 존중하는

성숙한 인격을 갖게 해주시옵소서.

＊

골 3:20

자녀들아 모든 일에 부모에게 순종하라 이는 주 안에서 기쁘게 하는 것이니라

복 되신 주님,

주님을 떠나서는 복이 없습니다.

주님이 저의 행복입니다.

예수님 안에 있으면

좋지 않은 상황에서도

행복할 수 있다는 것이

너무 신비롭습니다.

조건과 상황을 뛰어넘는

이 신기한 기쁨을 누리게 해주셔서

감사합니다.

시 1:1

복 있는 사람은 악인들의 꾀를 따르지 아니하며
죄인들의 길에 서지 아니하며 오만한 자들의 자리에 앉지 아니하고

기도에 응답하시는 주님,

사랑하는 부모님에게

종려나무의 복을 주셔서

번성하게 하시고

백향목의 복을 주셔서

날마다 성장하게 해주시옵소서.

부모님의 영혼이 여호와의 집에 심기고

부모님의 삶이 하나님의 뜰 안에 머물러

하는 일마다 모두 번성하는 복을 주시옵소서.

＊

시 92:12

의인은 종려나무같이 번성하며 레바논의 백향목같이 성장하리로다

08.21

어둠을 이기신 주님,
제 인생에 어둠이 가득하다 해도
빛 되신 주님이 계시니 걱정 없습니다.
한 치 앞도 알 수 없는 인생이지만
모든 것을 아시는 주님이 계시니
저는 괜찮습니다.
주님만 나타나시면 어둠은 사라지고
주님의 말씀이 있는 곳에는
기적이 일어납니다.

*

시 119:105
주의 말씀은 내 발에 등이요 내 길에 빛이니이다

언제나 저와 함께하시는 주님,

제가 주님의 눈을 피해

어디로 달아날 수 있겠습니까.

제가 주님을 위해 살아갈 때도

제가 주님을 잊고 살 때도

주님은 저와 함께하셨습니다.

제가 넘어졌을 때도

완전히 무너지지 않도록 지켜주셨습니다.

주님의 그 사랑이 있었기에

제가 이렇게 살아갈 수 있습니다.

❋

시 139:7

내가 주의 영을 떠나 어디로 가며 주의 앞에서 어디로 피하리이까

08.20

좋은 것으로 채워주시는 주님,

두려워하는 마음은

하나님께서 주신 것이 아니라

마귀가 준 것입니다.

저의 기를 죽이고, 자신감을 잃게 하고,

주눅 들게 하는 것은 마귀의 역사입니다.

제게 어떤 고난도 감당할 능력과

죽음보다 강한 사랑과

승리를 끌어내는 절제의 힘을 주시니

감사합니다.

*

딤후 1:7

하나님이 우리에게 주신 것은 두려워하는 마음이 아니요
오직 능력과 사랑과 절제하는 마음이니

은혜로우신 주님,

사랑하는 _____(자녀 이름)는

주님께서 잠시 보내준 손님입니다.

잘 대접해서 보내겠습니다.

사랑하는 _____가 건강하고 행복하고

형통한 삶을 살아가도록 복 주시옵소서.

주님의 사랑과 은혜에

붙들려 살아가도록 지켜주시옵소서.

하나님께 영광을 돌리며 살아가도록

삶의 여정을 인도해주시옵소서.

＊

사 54:13

네 모든 자녀는 여호와의 교훈을 받을 것이니
네 자녀에게는 큰 평안이 있을 것이며

선하신 주님,

주님 같은 분은 없습니다.

주님은 자격 없는 저를 십자가로 구원하시고,

연약한 저를 귀히 여겨주셨습니다.

수없이 넘어져도 처음처럼 대해주시고

가장 따뜻한 눈으로 바라봐주셨습니다.

무엇을 하든 좋게 봐주시고

무슨 일을 하든 긍휼히 여겨주셨습니다.

주님의 그 크신 사랑을 어찌 다 갚겠습니까.

감사하고, 감사하고, 또 감사합니다.

*

시 103:4

네 생명을 파멸에서 속량하시고 인자와 긍휼로 관을 씌우시며

"사랑하는 자여,

예수 그리스도의 이름으로 명하노니

하나님의 따뜻한 품에 안길지어다.

사랑의 품에 안겨

잠잠하고 고요할지어다.

느긋해지고 평안해질지어다.

모든 불안과 두려움과 예민한 마음은

잠잠해질지어다.

잠잠해질지어다.

잠잠해질지어다."

*

시 131:2

실로 내가 내 영혼으로 고요하고 평온하게 하기를
젖 뗀 아이가 그의 어머니 품에 있음 같게 하였나니 내 영혼이 젖 뗀 아이와 같도다

08.18

하나님 아버지,

이제 사람들이 저를 대했던 방식으로

저를 대하지 않겠습니다.

저부터 저 자신을 사랑하겠습니다.

눈치 보면서 사람에게 끌려가지 않겠습니다.

사람들에게 더 잘 보이기 위해

없으면서 있는 척하지 않겠습니다.

모르면서 아는 척하지 않겠습니다.

못하면서 할 수 있는 척하지 않겠습니다.

있는 그대로의 나로 살아가겠습니다.

✳

사 43:4

네가 내 눈에 보배롭고 존귀하며 내가 너를 사랑하였은즉
내가 네 대신 사람들을 내어주며 백성들이 네 생명을 대신하리니

오늘도 일하시는 하나님,
제 말이 누군가에게
하나님의 음성으로 들리게 하시고
제 손길이 누군가에게
하나님의 손길로 닿게 하시고
제 도움이 누군가에게
기도의 응답이 되게 해주시옵소서.

＊

삼하 23:2

여호와의 영이 나를 통하여 말씀하심이여 그의 말씀이 내 혀에 있도다

08.17

새날을 허락하신 하나님,
이른 아침부터 저의 귓가에
하나님의 지혜를 들려주시고
하루 종일 저의 손을 잡고
좋은 길로 인도해주시옵소서.
말씀으로 저의 걸음을 지켜주시옵소서.
그렇게 들려주시는 주님의 음성에
온전히 순종하겠습니다.
주님의 말씀을 따라 살아가겠습니다.

*

시 90:14

아침에 주의 인자하심이 우리를 만족하게 하사
우리를 일생 동안 즐겁고 기쁘게 하소서

05.14

사랑하는 주님,
마음이 지칠 때 기댈 수 있고
마음이 답답할 때 터놓고 이야기할 수 있는
가족을 주셔서 감사합니다.
많은 것을 하지 않아도
함께 있는 것만으로 의지가 되고
힘이 되는 가족을 주셔서 감사합니다.
기댈 수 있는 가족이 있어서 든든합니다.
가족을 생각하면 제 마음이 따뜻해집니다.
가족이 있어서 참 좋습니다.

*

골 3:14
이 모든 것 위에 사랑을 더하라 이는 온전하게 매는 띠니라

기적의 하나님,

제 삶에 역풍처럼 불어오는 고난조차도

하나님께 나아가는 순풍임을 믿습니다.

하루빨리 고난에서 벗어나기만을 바라는

조급한 마음을 버리고

고난을 통해 말씀하시는

주님의 음성에 귀 기울이겠습니다.

고난을 허락하신 주님의 뜻을 구하겠습니다.

고난의 뒤편에 있는 축복을 바라보겠습니다.

＊

시 26:2

여호와여 나를 살피시고 시험하사 내 뜻과 내 양심을 단련하소서

선한 목자 되신 주님,
제게 좋은 목회자를 만나는
복을 주셔서 감사합니다.
진심으로 저를 위해 기도하고
말씀으로 제 삶에 도전해주고
삶으로 모본을 보여준
목사님을 만난 것이 제게는 큰 축복입니다.
목사님 덕분에 하나님을 만나게 되었고,
하나님을 알고 하나님을 사랑하게 되었습니다.

히 13:7

하나님의 말씀을 너희에게 일러주고 너희를 인도하던 자들을 생각하며
그들의 행실의 결말을 주의하여 보고 그들의 믿음을 본받으라

사랑하는 주님,
자랑스러운 조국 대한민국에
살 수 있는 축복을
허락해주셔서 감사합니다.
마음껏 하나님을 예배하고
자유롭게 복음을 전할 수 있는 나라,
마음껏 꿈꾸고 어디든 갈 수 있는
안전하고 자유로운 대한민국을
허락해주셔서 감사합니다.

삼하 22:50

이러므로 여호와여 내가 모든 민족 중에서 주께 감사하며
주의 이름을 찬양하리이다

크신 하나님,

고난의 한복판에서도 저는

주님의 말씀에 귀 기울이고

주님의 은혜를 바라보고

주님의 일하심을 선포하겠습니다.

그 어떤 원수보다 훨씬 크시고

승리하신 주님께서 저와 함께하시기에

저는 어떤 고난도 이길 수 있고

어떤 역경도 뛰어넘을 수 있습니다.

이 고난을 통해 점점 더 강해질 것입니다.

＊

시 66:16

하나님을 두려워하는 너희들아 다 와서 들으라
하나님이 나의 영혼을 위하여 행하신 일을 내가 선포하리로다

저희의 수고를 기억하시는 주님,

무더운 여름보다 더 뜨거운 열정으로

단기 선교를 떠나는 귀한 이들이 있습니다.

저들이 나누는 사랑의 씨앗과

수고의 땀방울이 아름답게 흘러가

그들의 마음에 닿게 하시고

풍성한 열매로 맺히게 해주시옵소서.

*

사 52:7

좋은 소식을 전하며 평화를 공포하며 복된 좋은 소식을 가져오며
구원을 공포하며 시온을 향하여 이르기를
네 하나님이 통치하신다 하는 자의 산을 넘는 발이 어찌 그리 아름다운가

05.17

기도를 들으시는 주님,

어제 응답이 없었다고

오늘 기도를 포기하지 않겠습니다.

오늘은 새날입니다.

하나님께서 제게 원하시는 것은

더 열심히 노력하는 것이 아니라

오늘 다시 기도하는 것입니다.

믿음으로 다시 도전하는 것입니다.

그렇기에 포기하지 않고 기도하겠습니다.

반드시 응답하신다는 믿음으로 기도하겠습니다.

*

시 21:2

그의 마음의 소원을 들어주셨으며
그의 입술의 요구를 거절하지 아니하셨나이다

08.13

저희 가정의 주인 되신 하나님,
하나님의 말씀이
저희 가정의 기준이 되게 해주시옵소서.
힘든 일이 있을 때마다 함께 엎드려 기도하고
고마운 일이 있을 때마다 함께 찬양하는
가정이 되게 해주시옵소서.
말하는 것과 생각하는 것과
믿는 것과 사는 것이 하나 되는
가정이 되게 해주시옵소서.

*

골 3:16

그리스도의 말씀이 너희 속에 풍성히 거하여
모든 지혜로 피차 가르치며 권면하고 시와 찬송과 신령한 노래를 부르며
감사하는 마음으로 하나님을 찬양하고

선하신 주님,

주님은 저의 실수까지도

놀랍게 사용하실 것을 믿습니다.

저는 실수를 통해서도 성장할 것입니다.

저의 부족함에 안달하지 않고

있는 그대로 좋게 바라볼 수 있는

예수님의 마음을 주시옵소서.

제 안에 있는 부정적인 생각, 우울한 생각,

제 몸에 밴 나쁜 습관들을 벗어버리는

결단력을 주시옵소서.

*

고후 12:9

내 은혜가 네게 족하도다 이는 내 능력이 약한 데서 온전하여짐이라

08.12

높이 날아오르게 하시는 주님,
고난은 위장된 하나님의 축복임을 믿습니다.
이 시간을 통해
하나님께서 예비하신 복을 받는 그릇을
준비하게 해주시옵소서.
주어진 시련 때문에
인생의 나락으로 떨어지는 것이 아니라
더 단단하고 강해지게 하시고
주님과 함께 날아오르게 해주시옵소서.

✳

시 46:1

하나님은 우리의 피난처시요 힘이시니 환난 중에 만날 큰 도움이시라

05.19

선하신 주님,
오늘 상황이 안 좋게 흘러가도
기뻐하겠습니다.
마음에 불평이 있어도
입술로는 감사하겠습니다.
다 그만두고 포기하고 싶어도
멈추지 않고 한 걸음 더 나아가겠습니다.
어디부터 뭘 어떻게 해야 할지 모르지만
선하신 주님을 신뢰하며
더욱더 감사하겠습니다.

*

잠 16:23

지혜로운 자의 마음은 그의 입을 슬기롭게 하고
또 그의 입술에 지식을 더하느니라

08.11

제 삶을 축복하고 인도하신 주님,

이제 제가 넘어야 할 산들이

하나님 앞에서 평지가 되고

쓴물이 단물로 바뀔 줄 믿습니다.

예상치 못한 은혜가 임하고

우연 같은 일들이 기적처럼 일어나며

삶의 지경이 넓어질 줄 믿습니다.

오늘, 한계를 뛰어넘는 하루가 되고

새로운 기회가 찾아오며

오랜 기도가 응답될 줄 믿습니다.

*

사 40:4

골짜기마다 돋우어지며 산마다, 언덕마다 낮아지며
고르지 아니한 곳이 평탄하게 되며 험한 곳이 평지가 될 것이요

새 일을 행하시는 주님,
애정 결핍과 열등감과 우울증에 무너진
이 땅의 청년들에게
십자가 복음을 마음 깊이 새겨주시고
평생 그리스도의 십자가 사랑을
붙들고 살게 해주시옵소서.
이들을 응원하고 격려해줄
믿음의 공동체를 허락해주시옵소서.
인생의 중요한 순간마다 하나님의 뜻을 구하며
그 음성에 귀 기울이게 해주옵소서.

*

살전 2:8

우리가 이같이 너희를 사모하여 하나님의 복음뿐 아니라
우리의 목숨까지도 너희에게 주기를 기뻐함은
너희가 우리의 사랑하는 자 됨이라

08.10

지혜로우신 주님,

아직 일어나지 않은 일을

마치 지금 일어난 것처럼

부풀려 자랑하고 싶은 유혹에서

저를 지켜주시옵소서.

다른 사람을 칭찬할 때는

한 박자 빠르게 하되

저에게 좋은 일이 있을 때는

하루 쉬었다가 말하는 지혜를 주시옵소서.

✳

잠 27:1

너는 내일 일을 자랑하지 말라
하루 동안에 무슨 일이 일어날는지 네가 알 수 없음이니라

05.21

사랑의 주님,
저의 주관적인 판단으로
배우자를 바꾸려 했던 것을 회개합니다.
나는 옳고 저 사람은 틀렸다는
잘못된 생각을 내려놓겠습니다.
배우자의 연약함을 지적하지 않겠습니다.
배우자의 허물을 들추어내지 않겠습니다.
부족한 모습을 볼 때마다
제가 더 섬기겠습니다.
제가 더 기도하겠습니다.

*

요일 4:11

사랑하는 자들아 하나님이 이같이 우리를 사랑하셨은즉
우리도 서로 사랑하는 것이 마땅하도다

08.09

강건케 하시는 주님,
주님께서 허락하신 몸을
소중하게 여기고 잘 돌보겠습니다.
건강한 몸으로 하나님을 예배하고
다른 이를 섬기겠습니다.
몸을 병들게 하는 잘못된 습관을 멈추고
모든 부정적인 사고방식을 끊어내며
어떤 상황에도 웃을 수 있는
여유를 갖겠습니다.
제게 건강을 주셔서 감사합니다.

*

요삼 1:2
사랑하는 자여 네 영혼이 잘됨같이
네가 범사에 잘되고 강건하기를 내가 간구하노라

사랑의 주님,

_____(배우자 이름)는

주님께서 허락하신 제 운명입니다.

그 사람 덕분에 제가 소중하고 사랑받는

존재임을 느끼게 되었습니다.

저를 지지하고 응원하는 사람이

가장 가까운 곳에 있어서 큰 힘이 됩니다.

서로 마음을 나누고

같은 마음으로 기도할 수 있는

복을 주셔서 감사합니다.

골 3:15

그리스도의 평강이 너희 마음을 주장하게 하라
너희는 평강을 위하여 한 몸으로 부르심을 받았나니
너희는 또한 감사하는 자가 되라

"사랑하는 딸아,
사랑하는 아들아!
나는 너와 함께 있을 때가 참 좋아.
언제나 네가 보고 싶고,
네가 어떻게 지내는지 궁금하고
네 마음이 어떤지 궁금해.
너를 보고 있는 것만으로 행복하고
너를 보고 있으면 웃음이 나.
너는 나의 기쁨이란다."

습 3:17

너의 하나님 여호와가 너의 가운데에 계시니 그는 구원을 베푸실 전능자이시라
그가 너로 말미암아 기쁨을 이기지 못하시며 너를 잠잠히 사랑하시며
너로 말미암아 즐거이 부르며 기뻐하시리라 하리라

위대하신 주님,

주님 안에 있는 저는

메뚜기가 아니라 독수리이고

버려진 죄인이 아니라 사랑받는 자녀입니다.

저의 약함과 부족함이

주님의 일하심을 제한할 수 없고

저의 실수와 실패도

주님의 역사를 멈출 수 없습니다.

마귀는 제가 낙심하고 포기하기를 원하지만

저는 계속 꿈을 품고 기도하겠습니다.

＊

빌 1:6

너희 안에서 착한 일을 시작하신 이가
그리스도 예수의 날까지 이루실 줄을 우리는 확신하노라

08.07

사랑하는 주님,
오늘도 주님의 사랑이 제게 가득합니다.
제가 주님을 부를 때마다
언제나 저를 만나주시고
제가 도움을 요청할 때마다
거절하지 않으시는 주님이 계셔서
얼마나 다행인지 모릅니다.
주님, 제가 주님을 사랑합니다.
주님을 의지합니다.

*

잠 8:17

나를 사랑하는 자들이 나의 사랑을 입으며
나를 간절히 찾는 자가 나를 만날 것이라

위로자 되시는 주님,

불안에 떠는 저의 눈물을 닦아주시고,

모든 슬픔을 지워주시옵소서.

모든 근심의 옷이 벗어지게 하시고,

모든 고통의 안개가 걷히게 해주시옵소서.

거친 파도를 잠잠하게 하신 주님,

제게 "잠잠하라"라고 말씀해주시옵소서.

✳

시 4:8

내가 평안히 눕고 자기도 하리니
나를 안전히 살게 하시는 이는 오직 여호와이시니이다

08.06

신실하신 주님,

제가 믿는 것은

저의 경험이 아닙니다.

저의 능력이 아닙니다.

저의 노력이 아닙니다.

제가 믿는 것은 전능하신 하나님이십니다.

저희의 기도를 들으시는 하나님이십니다.

모든 상황을 역전시키는 하나님이십니다.

약속을 지키시는 신실하신 하나님이십니다.

*

신 7:9

그런즉 너는 알라 오직 네 하나님 여호와는 하나님이시요 신실하신 하나님이시라
그를 사랑하고 그의 계명을 지키는 자에게는
천 대까지 그의 언약을 이행하시며 인애를 베푸시되

놀라우신 주님,

제가 아는 한 가지는

하나님께서 저의 하나님이시라는 것입니다.

하나님께서 저를 지으셨고

하나님께서 저를 사랑하시고

하나님께서 저를 기르십니다.

하나님께서 저의 왕이시고

하나님께서 저의 목자이시고

하나님께서 저의 주인이십니다.

*

시 100:3

여호와가 우리 하나님이신 줄 너희는 알지어다
그는 우리를 지으신 이요 우리는 그의 것이니 그의 백성이요 그의 기르시는 양이로다

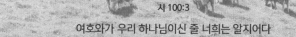

08.05

선하신 주님,

사랑하는 _____가

자신을 소중히 여기고

따뜻하게 대하게 해주시옵소서.

하나님께서 자신 안에 넣어주신

가능성과 잠재력을 믿고,

그것을 발견하고 계발해서

풍성한 열매를 맺게 해주시옵소서.

*

엡 2:10

우리는 그가 만드신 바라
그리스도 예수 안에서 선한 일을 위하여 지으심을 받은 자니
이 일은 하나님이 전에 예비하사 우리로 그 가운데서 행하게 하려 하심이니라

05.26

회복시키시는 주님,
저의 무분별한 스마트폰 사용과 TV 시청으로
부부간 대화를 단절시킨 것을 회개합니다.
이제 절제하겠습니다.
식사 시간에 스마트폰을 하지 않겠습니다.
무의미하게 TV 보는 시간을 줄이겠습니다.
스마트폰을 내려놓고
서로 대화하는 데 힘쓰겠습니다.

✳

시 119:37

내 눈을 돌이켜 허탄한 것을 보지 말게 하시고
주의 길에서 나를 살아나게 하소서

08.04

치료하시는 주님,
제가 당할 고통을 주님께서 당하시고
제가 받을 징계를 주님께서 받으셔서
저는 하나님의 자녀가 되었고
깨끗이 치료되었습니다.
마귀가 제 마음을 흔들 때마다
백 번이고 천 번이고
이 말씀을 되뇌겠습니다.
"그가 채찍에 맞으므로
나는 나음을 받았도다."

---

*

사 53:5

그가 찔림은 우리의 허물 때문이요 그가 상함은 우리의 죄악 때문이라
그가 징계를 받으므로 우리는 평화를 누리고
그가 채찍에 맞으므로 우리는 나음을 받았도다

제게 은혜와 긍휼을 베푸시려고

오늘도 기다리고 일하시는 주님,

주님께서 제 모든 억울함을 풀어주시고

뒤틀린 것들을 바로잡아주실 줄 믿습니다.

주님께서 가장 좋은 것을 예비하고

타이밍을 잡고 계시기에

저는 주님을 기다리겠습니다.

끝까지 기다리겠습니다.

✳

사 30:18

그러나 여호와께서 기다리시나니 이는 너희에게 은혜를 베풀려 하심이요
일어나시리니 이는 너희를 긍휼히 여기려 하심이라
대저 여호와는 정의의 하나님이심이라 그를 기다리는 자마다 복이 있도다

사랑하는 주님,

다시 새날을 주셔서 감사합니다.

오늘 하루 주님의 임재 안에서

주님의 사랑으로 충만하여

여유와 평안을 누리게 해주시옵소서.

주님께서 저의 복이 되신 것처럼

저도 다른 이에게 복이 되길 원합니다.

오늘 하루 하나님을 섬길 기회를 주시고

하나님께 영광을 올려드리는

복된 하루가 되게 해주시옵소서.

＊

요 15:8

너희가 열매를 많이 맺으면
내 아버지께서 영광을 받으실 것이요 너희는 내 제자가 되리라

작은 자를 귀히 여기시는 주님,

제가 만나는 사람 중에

예수님이 계신다고 하셨죠.

오늘 누구를 만나든

예수님을 대하듯 정성을 다하겠습니다.

도움을 청하는 사람을 힘껏 돕겠습니다.

어디를 가고 누구를 만나든

예수님을 전하고 주의 사랑을 나누겠습니다.

오늘도 영혼이 살아나는

기적이 일어나게 해주시옵소서.

＊

마 25:40

임금이 대답하여 이르시되 내가 진실로 너희에게 이르노니
너희가 여기 내 형제 중에 지극히 작은 자 하나에게 한 것이 곧 내게 한 것이니라

08.02

온전케 하시는 주님,
제가 아직 부족해도
주님께서 저를 빚어가시고
아직 완전하지 못해도
주님께서 자라나게 하심을 믿습니다.
주님께서 저를 이렇게 지으신 데는
분명한 이유가 있습니다.
저만의 독특한 재능과 열정으로
세상을 축복하고 주님께 영광 돌리게
하실 것을 믿고 감사드립니다.

*

딤후 3:17

이는 하나님의 사람으로 온전하게 하며
모든 선한 일을 행할 능력을 갖추게 하려 함이라

위대하고 강하신 주님,

저는 부족해도 하나님은 완전하십니다.

저는 연약해도 하나님은 강하십니다.

저는 실패했어도 하나님은 승리하셨습니다.

저는 할 수 없지만

하나님은 모든 것을 하실 수 있습니다.

이제 눈에 보이는 제가 아니라

보이지 않는 하나님으로 살겠습니다.

완전하신 하나님을 선포하며

강하신 주님을 신뢰하겠습니다.

요일 5:4

무릇 하나님께로부터 난 자마다 세상을 이기느니라
세상을 이기는 승리는 이것이니 우리의 믿음이니라

쉼과 안식을 주시는 주님,

숨 가쁘게 달리던 시간을 잠시 뒤로 하고

쉼을 주시는 주님께 나아갑니다.

주님을 떠나서는 쉼이 없습니다.

저희의 휴가가

주님께 더 가까워지고

가는 그곳이 어디든

고요히 주님을 바라보며

잠잠히 주님을 묵상하는

시간이 되게 해주시옵소서.

마 11:28

수고하고 무거운 짐 진 자들아 다 내게로 오라 내가 너희를 쉬게 하리라

05.30

전능하신 주님,
주님께서 주신 놀라운 능력이
제 안에 있습니다.
마귀를 대적하는 십자가의 능력과
죄를 이기는 예수 이름의 능력입니다.
유혹을 물리치는 말씀의 능력과
고난을 돌파하는 기도의 능력과
기적을 일으키는 믿음의 능력입니다.
주님께서 주신 이 놀라운 능력으로
승리할 것을 믿습니다.

✳

요 16:33

이것을 너희에게 이르는 것은 너희로 내 안에서 평안을 누리게 하려 함이라
세상에서는 너희가 환난을 당하나 담대하라 내가 세상을 이기었노라

8

August

---
*

따라만 해도 기도가 열리고
하루를 살아갈 힘을 얻는
영적 만나의 시간

사랑하는 주님,

제게 주님의 사랑을 부어주시옵소서.

지식적으로 아는 것을 넘어서서

인격적으로 경험되도록

주님의 사랑을 부어주시옵소서.

저를 사랑하고 다른 사람을 사랑하고

제가 하는 일을 사랑할 수 있도록

주님께서 저를 다스리시고

제 모든 삶을 인도해주시옵소서.

*

롬 5:5

소망이 우리를 부끄럽게 하지 아니함은
우리에게 주신 성령으로 말미암아 하나님의 사랑이 우리 마음에 부은 바 됨이니

제 길을 평탄케 하시고
삶을 형통케 하시는 하나님,
제가 행복하길 저보다 더 원하는 분이
하나님이심을 믿습니다.
사랑하는 주님 안에 거할 때
제 안에 진정한 만족이 있음을 알기에
오늘도 주님 안에 거하며
주님과 동행하며 살겠습니다.
말씀이 가라 하면 저도 가고
말씀이 멈추는 곳에 저도 멈추겠습니다.

✱

수 1:7

오직 강하고 극히 담대하여 나의 종 모세가 네게 명령한 그 율법을 다 지켜 행하고
우로나 좌로나 치우치지 말라 그리하면 어디로 가든지 형통하리니

6

June

─────── ✳ ───────

따라만 해도 기도가 열리고
하루를 살아갈 힘을 얻는
영적 만나의 시간

놀라우신 하나님,

부족하고 연약한 제가 아니라

크고 강하신 주님을 의지하겠습니다.

눈에 보이는 상황이 아니라

보이지 않는 주님을 바라보겠습니다.

실패한 제가 아니라

승리하신 주님의 이름을 붙들겠습니다.

저를 사랑하는 주님이 계시기에

어떤 상황에서도 넉넉하게 이기고

모든 삶의 자리에서 완벽하게 승리할 것입니다.

*

고전 15:57

우리 주 예수 그리스도로 말미암아 우리에게 승리를 주시는 하나님께 감사하노니

일용할 양식을 허락하신 주님,
제게 먹고 마실 수 있는
은혜를 주서서 감사합니다.
제가 먹을 수 있기에
일하고 사랑하고 섬길 수 있습니다.
당연해 보이는 이 모든 것이
하나님의 특별한 은혜입니다.
오늘도 이 은혜를 누리게 하시니
주님, 감사합니다.

요 1:16
우리가 다 그의 충만한 데서 받으니 은혜 위에 은혜러라

살아계신 주님,
이 시간, 제 영혼을 향해 선포합니다.

"내 영혼아, 하나님을 찬양하라.
나의 생각, 나의 감정, 나의 의지,
나의 고백, 나의 모든 것을 사용해
거룩하신 하나님을 찬양하라.
놀라우신 하나님을 찬양하라.
네 평생에 베풀어주신 놀라운 축복을
하나도 잊지 말고, 하나님을 찬양하라."

시 103:1
내 영혼아 여호와를 송축하라
내 속에 있는 것들아 다 그의 거룩한 이름을 송축하라

높고 위대하신 하나님,
하나님 안에서는 너무 큰 꿈도 없고
불가능한 꿈도 없습니다.
꿈을 이루는 데 필요한 모든 것은
이미 완벽하게 준비되었습니다.
주님께서 가장 좋은 때에
가장 좋은 방법으로
가장 좋게 이루실 것을 믿고
계속 꿈을 꾸고 도전하겠습니다.

살전 5:24
너희를 부르시는 이는 미쁘시니 그가 또한 이루시리라

좋으신 하나님,

제가 성장하도록

새로운 영감을 불어넣고

꿈을 향해 달려가도록

끊임없이 도전하고

두려워하고 주저할 때마다

포기하지 말라고

할 수 있다고 잘될 거라고

누구보다 저를 믿고 응원해준

멘토를 허락해주셔서 감사합니다.

*

히 10:24

서로 돌아보아 사랑과 선행을 격려하며

모든 필요를 채워주시는 하나님,
평범한 일상이 얼마나 소중한지
깨닫게 하셔서 감사합니다.
일용할 양식을 주셔서 감사하고
입을 수 있는 옷을 주셔서 감사하고
누울 자리를 주셔서 감사합니다.
감사의 능력을 알게 하시니 감사하고
감사를 고백할 수 있고
주님께 기도할 수 있어서 감사합니다.

*

시 136:25

모든 육체에게 먹을 것을 주신 이에게 감사하라
그 인자하심이 영원함이로다

07.27

쉬지 않고 격려해주시는 주님,
지나간 아픔을 잊고
내일을 꿈꾸게 하시니 감사합니다.
성공의 기쁨을 알게 하셔서 감사하고
실패를 통해 성장할 수 있어서 감사합니다.
오늘도 저를 향해
할 수 있다고 격려해주시고
해보라고 응원해주셔서 감사합니다.

✳

빌 4:13
내게 능력 주시는 자 안에서 내가 모든 것을 할 수 있느니라

06.04

살아계신 성령 하나님,
저희를 압도하시는
성령님의 임재를 구합니다.
이곳에 가득히 임하시고,
이곳을 덮고 채워주시옵소서.
저희 안에 있는 모든 두려움과
의심과 혼란의 영을 몰아내시고
세상이 감당할 수 없는
믿음의 사람이 되게 해주시옵소서.

*

행 4:31

빌기를 다하매 모인 곳이 진동하더니
무리가 다 성령이 충만하여 담대히 하나님의 말씀을 전하니라

07.26

제 걸음을 인도하시는 주님,
주님의 시선으로 상황을 바라보고
주님의 마음으로 반응할 수 있는
믿음을 주시옵소서.
위기의 순간에 하나님의 사람답게
살아갈 용기를 주시고
어려운 상황에서도
하나님의 인도하심을 따라가는
믿음을 주시옵소서.

✳

시 94:15
심판이 의로 돌아가리니 마음이 정직한 자가 다 따르리로다

바스락거리는 나뭇잎 소리

고요히 흐르는 강물 소리

새들의 노랫소리

부서지는 파도 소리

일곱 색깔 무지개

화창한 날의 맑고 푸른 하늘

피어나는 뭉게구름

찬란하게 빛나는 태양

보석처럼 빛나는 밤하늘의 별

주님, 아름다운 자연을 주서서 감사합니다.

*

시 8:1

여호와 우리 주여 주의 이름이 온 땅에 어찌 그리 아름다운지요
주의 영광이 하늘을 덮었나이다

사랑하는 주님,
제가 예배당에서만 하나님을 기억하고
정작 제 삶의 자리에서는
하나님을 잊고 살았습니다.
내가 하나님인 것처럼 생각하며
내가 노력하기만 하면 다 된다는
생각으로 살았습니다.
하나님을 예배하기보다
내 감정과 내 기분을 예배하며 살았습니다.
예배를 무너뜨린 죄를 회개합니다.

＊

요일 1:9

만일 우리가 우리 죄를 자백하면 그는 미쁘시고 의로우사
우리 죄를 사하시며 우리를 모든 불의에서 깨끗하게 하실 것이요

06.06

크고 놀라우신 하나님,
피와 땀과 눈물을 쏟아 나라를 지킨
선조들을 허락해주셔서 감사합니다.
이 민족에게 자유와 평화를 주시고
가난에 허덕이던 이 땅을
경제 대국으로 세워주셔서 감사합니다.
나라가 어려울 때마다
새벽을 깨우며 기도했던 선조들처럼
이 나라와 민족을 위해 기도하는
하나님의 백성들이 일어나게 하옵소서.

*

시 126:3
여호와께서 우리를 위하여 큰일을 행하셨으니 우리는 기쁘도다

사랑하는 주님,
우리 목사님이
자기 비움과 내려놓음을 통해
하나님의 주권을 인정하고
사람들의 박수보다 영원을 사모하는
목사님이 되게 해주시옵소서.
사람들에게 존경받고 사랑받되
하나님의 인정을 추구하는
목사님이 되게 해주시옵소서.

＊

약 4:10

주 앞에서 낮추라 그리하면 주께서 너희를 높이시리라

신실하신 하나님,

제 영혼이 고요히 하나님을 묵상합니다.

저를 깊은 수렁에서 건져 올리고

흔들리지 않는 바위 위에 세워주신 하나님.

저를 위해 난공불락의 요새가

되어주시는 하나님.

오늘도 저를 위해 일하시는 주님이 계셔서

제가 흔들리지 않고

믿음의 길을 걸어갈 수 있습니다.

＊

시 62:1

나의 영혼이 잠잠히 하나님만 바람이여 나의 구원이 그에게서 나오는도다

교회를 통해 일하시는 주님,
저를 홀로 두지 않으시고
저를 위해 기도하는
믿음의 공동체를 주셔서 감사합니다.
그들의 사랑이 없었다면 어떻게
제가 여기까지 올 수 있었겠습니까.
저도 주님의 몸 된 교회를
지키고 세우는 데 힘쓰겠습니다.

*

롬 12:10

형제를 사랑하여 서로 우애하고 존경하기를 서로 먼저 하며

"사랑하는 아들아, 딸아!
두 눈을 똑바로 뜨고
내가 너를 위해
무슨 일을 하는지 똑똑히 봐라.
내가 너를 위해 싸울 거야.
너를 대적하는 자들을
네가 다시는 보지 못할 거야.
너는 똑바로 서서 내가 누구인지,
내가 무슨 일을 하는지 지켜보면 돼."

출 14:14
여호와께서 너희를 위하여 싸우시리니 너희는 가만히 있을지니라

말씀으로 역사하시는 주님,

저의 부정적인 생각을 몰아내 주시고,

주님 말씀이 깊이 뿌리 내리게 해주시옵소서.

계속 실패를 생각하면서 성공할 수 없고

우울한 생각을 하면서 행복할 수 없습니다.

이기적인 생각을 하면서

좋은 사람이 될 수 없습니다.

제 생각을 주님의 말씀으로 채워주시옵소서.

롬 8:6

육신의 생각은 사망이요 영의 생각은 생명과 평안이니라

제 입술을 주목하시는 주님,
제 입술에 파수꾼을 세워주셔서
하나님의 축복을 끌어오고
하늘의 창고를 여는
열쇠 같은 말을 하게 해주시옵소서.
사람을 살리고 사람을 치유하고
사람을 세워주는 생명력 있는 말을
하게 해주시옵소서.

✳

시 141:3
여호와여 내 입에 파수꾼을 세우시고 내 입술의 문을 지키소서

07.21

제 이름을 다정하게 불러주시는 주님,
소풍을 떠나는 어린아이처럼
설레는 마음으로 하루를 시작합니다.
언제나 살뜰하게 저를 보살펴주시고
가장 좋은 길로 이끌어주셔서 감사합니다.
오늘도 하루를 살아낼 힘과 용기를 주시고
길이 보이지 않을 때 길이 되어주시고
방법이 없을 때는 방법이 되어주시옵소서.
원수의 공격보다 더 큰 은혜를 주시고
이전에 없었던 승리를 얻게 해주시옵소서.

✳

욥 24:23
하나님은 그에게 평안을 주시며 지탱해주시나 그들의 길을 살피시도다

새날을 허락하신 주님,

오늘은 은혜의 날입니다.

오늘 기적이 일어나고

오늘 기도가 응답되고

오늘 능력이 나타납니다.

주께서 은혜로 저를 선택하시고

은혜로 제 삶을 다스리시고

은혜의 기름을 부어주셨습니다.

저는 은혜 받은 사람입니다.

*

시 116:5

여호와는 은혜로우시며 의로우시며 우리 하나님은 긍휼이 많으시도다

강하신 주님,

저는 한 사람만 저를 싫어하고 공격해도

밤잠을 이루지 못하는 사람이지만,

천만 명이 공격해 와도 의연할 수 있는

담대함을 주시옵소서.

누구인지도 모르는 사람들을

두려워하는 삶이 아니라,

저와 함께하시는 하나님으로 인해

두려움을 모르는 삶이 되게 해주시옵소서.

＊

시 56:3

내가 두려워하는 날에는 내가 주를 의지하리이다

왕 되신 주님,

제가 죄인이어도 주님께

담대히 나올 수 있는 이유는

주님께서 용서하고 다 잊으셨다는

믿음 때문입니다.

저의 능력이 부족해도 최선을 다한 이유는

저의 능력과 상관없이 주님의 계획이

이루어진다는 믿음 때문입니다.

제게 주님을 믿는 믿음을 주셔서 감사합니다.

✳

롬 8:1

그러므로 이제 그리스도 예수 안에 있는 자에게는 결코 정죄함이 없나니

좋으신 하나님,
제가 누리는 모든 것이
주님의 은혜입니다.
이 은혜의 샘이 마르지 않도록
모든 교만한 마음을 버리고
더 겸손히 엎드립니다.
오늘도 주님을 사랑하며
주의 말씀을 따라 살겠습니다.
주의 은혜를 붙들겠습니다.

*

잠 3:34

진실로 그는 거만한 자를 비웃으시며 겸손한 자에게 은혜를 베푸시나니

자라나게 하시는 주님,
생각대로 일이 되지 않아도
주님을 신뢰하며 기다리겠습니다.
과정에 성실하되 결과는 주님께 맡기겠습니다.
실패의 경험은 아프지만
거기에 매여 있지 않겠습니다.
어려운 일을 만났을 때
또 실패할 거라는 생각을 얼른 털어내고
오히려 그 실패의 경험마저
다시 도전하는 에너지로 사용하겠습니다.

✽

롬 8:28

우리가 알거니와 하나님을 사랑하는 자
곧 그의 뜻대로 부르심을 입은 자들에게는
모든 것이 합력하여 선을 이루느니라

07.18

만물의 주인 되신 주님,
주님이 저의 아버지시고
저는 주님의 자녀입니다.
저는 주님의 상속자이고
천국의 상속자입니다.
제가 이 믿음으로
재정의 염려를 날려버리고
가난을 이겨내게 해주시옵소서.
제 안에 뿌리박힌
돈에 대한 잘못된 생각을 고쳐주시옵소서.

*

잠 10:22

여호와께서 주시는 복은 사람을 부하게 하고 근심을 겸하여 주지 아니하시느니라

지혜를 베푸시는 주님,

시험을 앞두고 마음을 힘들게 하는

분주한 상황이 있지만,

그것에 연연하지 않게 도와주시옵소서.

상황에 마음이 흔들리지 않고

공부에 집중할 수 있게 도와주시옵소서.

공부할 때 머리가 맑아지고

공부하는 것들이 다 이해되게 하시고,

시간 가는 줄 모르고

공부할 수 있는 즐거움을 주시옵소서.

*

잠 2:6

대저 여호와는 지혜를 주시며 지식과 명철을 그 입에서 내심이며

07.17

놀라우신 하나님,
온 우주 만물을 창조하신
전능하신 하나님께서
제게 힘을 주시고 저를 지켜주시니
제 마음에 기쁨이 흘러넘치고
제 입술에 찬양이 가득합니다.
오늘도 주님을 의지합니다.
주님의 도우심을 신뢰합니다.

＊

시 71:23

내가 주를 찬양할 때에 나의 입술이 기뻐 외치며
주께서 속량하신 내 영혼이 즐거워하리이다

거룩하신 주님,

탐욕에 눈이 멀어

다른 사람이 가져가야 할 것을

내 몫으로 챙긴 죄를 회개합니다.

끊임없이 다른 사람들과 비교하고,

다른 사람들을 부러워하며

살았던 삶을 회개합니다.

이제 하나님께서 베푸신 것에

자족하는 삶을 살겠습니다.

감사하는 마음으로 살겠습니다.

*

엡 5:20

범사에 우리 주 예수 그리스도의 이름으로 항상 아버지 하나님께 감사하며

07.16

어떤 기도도 꾸짖지 아니하시고
지혜를 구하면 지혜를 주시고
능력을 달라면 능력을 주시고
사랑이 필요하다면 사랑을 주겠다고
약속하신 주님.
주님의 모든 말씀을 "아멘"으로 받습니다.
이 시간 모든 고난을 견디고 이겨낼
지혜와 능력과 사랑을 주시옵소서.
상황보다 더 크신 주님을 보게 해주시옵소서.

*

골 1:11

그의 영광의 힘을 따라 모든 능력으로 능하게 하시며
기쁨으로 모든 견딤과 오래 참음에 이르게 하시고

"예수 그리스도의 이름으로 명하노니
외로움의 영은 떠나갈지어다.
낮은 자존감과 열등감도 떠나갈지어다.
자기연민도 떠나갈지어다.
자신을 비판하는 생각도 떠나가고,
삶을 한탄하는 마음도 떠나갈지어다."

주님의 십자가 보혈로
모든 상한 마음을
덮어주시옵소서.

시 51:17

하나님께서 구하시는 제사는 상한 심령이라
하나님이여 상하고 통회하는 마음을 주께서 멸시하지 아니하시리이다

날마다 저희를 도우시는 하나님,
다시 생각해도 제 삶의 도움은
역시 하나님이십니다.
하늘을 만드시고 땅을 지으신
전능한 하나님이십니다.
제 발이 미끄러지지 않도록
밤낮없이 제 손을 붙드시는
하나님이 저의 도움이십니다.
단 한 순간도 제게서 눈을 뗀 적 없으신
하나님이 바로 저의 하나님이십니다.

시 121:3

여호와께서 너를 실족하지 아니하게 하시며
너를 지키시는 이가 졸지 아니하시리로다

소망 되신 주님,

주님을 사랑한다는 이유로

고난받는 형제자매들이 있습니다.

주님께서 저들과 함께하시고

모든 고난을 이겨낼

힘과 용기를 주시옵소서.

주님을 모르는 자들을

생명의 길로 인도하시고

주님의 은혜를 구하는 자들에게

십자가의 능력을 나타내주시옵소서.

*

마 5:10

의를 위하여 박해를 받은 자는 복이 있나니 천국이 그들의 것임이라

사랑의 주님,

제가 무엇을 하든 저를 믿어주고 지지하는

_____(배우자 이름)가 있어서 감사합니다.

좋은 배우자가 되기 위해 노력하겠습니다.

겸손한 마음으로 작은 것 하나도

함께 결정하겠습니다.

늘 따뜻하고 예쁘게 말하도록 도와주시고

_____가 싫어하는 것을 하지 않도록

지혜를 주시옵소서.

*

엡 5:2

그리스도께서 너희를 사랑하신 것같이 너희도 사랑 가운데서 행하라

새롭게 하시는 주님,
"나는 날마다 죽노라" 했던 바울처럼
오늘 저도 육신의 생각을
십자가에 못 박습니다.
짜증이 올라오지만 참아내게 하시고
불같은 마음이 여전히 있지만
터뜨리지 않고 주님을 바라보게 하시니
감사합니다.
어제도 실패했지만 낙심하지 않고
오늘 다시 일어서게 하시니 감사합니다.

*

엡 5:8
너희가 전에는 어둠이더니 이제는 주 안에서 빛이라
빛의 자녀들처럼 행하라

좋으신 하나님,
나이가 들수록
제 눈이 좋은 것만 보게 하시고
제 귀가 좋은 것만 듣게 하시고
제 입이 좋은 것만 말하게 해주시옵소서.
제 발이 좋은 곳을 찾아가게 하시고
제 손이 좋은 사람을 붙잡게 해주시옵소서.

＊

잠 8:6

너희는 들을지어다 내가 가장 선한 것을 말하리라
내 입술을 열어 정직을 내리라

사랑의 주님,
누가 뭐라 해도 저는
하나님께서 지으신 소중한 존재입니다.
제 모습이 어떠하든 저는
하나님의 아들을 대신할 만큼
귀한 존재입니다.
주님께서 저를 사랑하셨듯이
이제 저 자신을 사랑하겠습니다.
사랑으로 저를 바라보겠습니다.

*

요일 4:16

하나님이 우리를 사랑하시는 사랑을 우리가 알고 믿었노니 하나님은 사랑이시라
사랑 안에 거하는 자는 하나님 안에 거하고 하나님도 그의 안에 거하시느니라

07.12

새날을 허락하신 주님,
오늘은 제 연약함과 부족함과
실수를 붙들고 사는 것이 아니라
하나님의 크심과 하나님의 도우심,
하나님의 사랑하심을 붙들겠습니다.
꿈을 이루기 위해 견뎌낼 힘과
모든 장애물을 넘어설 능력이
제 안에 있음을 기억하며
살게 해주시옵소서.

*

빌 2:13
너희 안에서 행하시는 이는 하나님이시니 자기의 기쁘신 뜻을 위하여
너희에게 소원을 두고 행하게 하시나니

저보다 저를 더 사랑하시는 하나님,
하나님께서 저를 위해 행하신
놀라운 일들이 얼마나 많은지
그 수를 헤아릴 수가 없습니다.
하늘을 두루마리 삼고 바다를 먹물 삼아도
하나님의 크신 사랑을 다 기록할 수 없습니다.
주님, 그저 감사하고 또 감사합니다.
날마다 기적이고 날마다 은혜입니다.

시 40:5
여호와 나의 하나님이여 주께서 행하신 기적이 많고
우리를 향하신 주의 생각도 많아 누구도 주와 견줄 수가 없나이다
내가 널리 알려 말하고자 하나 너무 많아 그 수를 셀 수도 없나이다

전능하신 주님,

제힘으로 할 수 있는 게 아무것도 없을 때

저의 힘이 되어주셔서 감사합니다.

죽음의 골짜기에서 부활의 능력을

경험하게 하셔서 감사합니다.

무슨 말을 해야 할지 몰라

흐느껴 우는 신음조차

기도로 들어주셔서 감사합니다.

＊

시 118:21

주께서 내게 응답하시고 나의 구원이 되셨으니 내가 주께 감사하리이다

06.20

한계가 없으신 주님,
제 앞을 가로막은 장애물이 아무리 높아도
주님의 은혜에 비길 수 없습니다.
뚫고 가야 할 일이라면 뚫고 가고
돌아가야 할 일이라면 돌아 가고
뛰어넘을 일이라면 뛰어넘게 해주시옵소서.
주님의 선한 능력으로
모든 한계를 뛰어넘을 줄 믿습니다.

*

시 18:29
내가 주를 의뢰하고 적군을 향해 달리며
내 하나님을 의지하고 담을 뛰어넘나이다

주는 것이 받는 것보다
복이 있다고 하신 하나님,
오늘은 나눠주는 기쁨을 누리는
행복한 하루를 살고 싶습니다.
오늘은 누구를 만나든
주님이 얼마나 놀랍고 선한 분인지
나누고 전하겠습니다.
어려운 사람에게 도움을 베풀고
기도가 필요한 사람을 위해
잠시라도 시간을 내어 기도하겠습니다.

＊

시 145:8

여호와는 은혜로우시며 긍휼이 많으시며
노하기를 더디 하시며 인자하심이 크시도다

06.21

부요케 하시는 주님,
저를 빚더미에서
건져 올리실 분은 주님입니다.
저를 재정적인 올무에서
건지실 분은 주님입니다.
저의 모든 경제적인 문제를
해결하실 분은 주님입니다.
"내가 너희를 부요하게 하리라"
약속하신 주님을 신뢰합니다.
주님, 도와주시옵소서.

＊

고후 8:9

우리 주 예수 그리스도의 은혜를 너희가 알거니와
부요하신 이로서 너희를 위하여 가난하게 되심은
그의 가난함으로 말미암아 너희를 부요하게 하려 하심이라

저희가 나누는 일상의 대화조차도
기도로 듣겠다 하시는 주님,
부정적인 말을 습관처럼 내뱉지 않겠습니다.
불평이 습관이 되지 않게 하겠습니다.
제가 말하는 대로 이루겠다고 하신
약속을 기억하며 믿음의 말을 하겠습니다.
긍정적인 말을 하겠습니다.
소망이 담긴 말을 하겠습니다.

＊

민 14:28
그들에게 이르기를 여호와의 말씀에 내 삶을 두고 맹세하노라
너희 말이 내 귀에 들린 대로 내가 너희에게 행하리니

저를 있는 모습 그대로 받아주시는 주님,

오늘도 모든 무거운 마음을 내려놓고

온전히 주께 맡겨드립니다.

주님, 받아주시옵소서.

아버지의 넓은 품에 안겨

주님이 들려주시는

따뜻한 위로와 사랑의 음성으로

새 힘을 얻게 해주시옵소서.

사 66:11

너희가 젖을 빠는 것같이 그 위로하는 품에서 만족하겠고
젖을 넉넉히 빤 것같이 그 영광의 풍성함으로 말미암아 즐거워하리라

"아들아, 딸아! 일어나라.
쓰러진 자리에서 일어서라.
절망의 자리에서 일어서라.
모든 고난을 털고 일어서라."

주님, 저는 주님의 말씀대로 됩니다.
주님께서 말씀하시는 이 시간
제가 다시 서게 될 줄 믿습니다.

고전 16:13
깨어 믿음에 굳게 서서 남자답게 강건하라

왕이신 나의 하나님,

제 삶의 주인은 하나님이십니다.

하나님만이 저의 주인이셔야 합니다.

다시 하나님을 저의 중심에 모셔 들입니다.

다시 하나님의 은혜 안에

들어가게 해주시옵소서.

다시 하나님의 임재 안에

머물게 해주시옵소서.

다시 하나님의 음성을 듣게 하시고,

다시 믿음의 길을 걸어가게 해주시옵소서.

＊

계 3:20

볼지어다 내가 문 밖에 서서 두드리노니 누구든지 내 음성을 듣고 문을 열면
내가 그에게로 들어가 그와 더불어 먹고 그는 나와 더불어 먹으리라

거룩하신 주님,

제 마음을 지켜주옵소서.

지친 마음에 쉼을 주옵소서.

괴로운 마음이 지나가게 하옵소서.

미워하는 마음이 흘러가게 하옵소서.

과거에 대한 후회와 미래에 대한 염려가

깨끗하게 씻어지게 하옵소서.

시기하는 마음, 원망하는 마음,

질투하는 마음이 사라지게 하옵소서.

*

잠 4:23

모든 지킬 만한 것 중에 더욱 네 마음을 지키라
생명의 근원이 이에서 남이니라

06.24

원수보다 강하신 주님,
주님께서 저를 지켜주시고
주님께서 저를 인도하시니
제 영혼은 안전합니다.
주님께서 저의 걸음을 가볍게 하시고
주님께서 저를 높은 곳에 세워주시니
제 영혼이 주님을 찬양합니다.

＊

삼하 22:33,34

하나님은 나의 견고한 요새시며 나를 안전한 곳으로 인도하시며
나의 발로 암사슴 발 같게 하시며 나를 나의 높은 곳에 세우시며

만왕의 왕이신 주님,

저는 약하지만, 주님은 강하십니다.

저는 깨어졌지만, 주님은 온전하십니다.

주님의 손으로 저를 붙들어주시옵소서.

고난을 이기는 믿음을 주시고,

눈물이 멈추게 해주시고,

주님의 평강이 임하게 해주시옵소서.

＊

시 89:8

여호와 만군의 하나님이여 주와 같이 능력 있는 이가 누구리이까
여호와여 주의 성실하심이 주를 둘렀나이다

06.25

놀라운 은혜를 베푸신 주님,
대한민국에 태어나 살게 해주셔서 감사합니다.
저희가 지금 누리는 풍요로운 삶은
거저 주어진 것이 아닙니다.
수많은 이들의 땀과 눈물과 피의 열매입니다.
이 나라를 자유민주주의 국가로
세워주셔서 감사합니다.
이를 위해 희생하고 수고한
수많은 선조의 헌신에도 감사합니다.

＊

사 32:18
내 백성이 화평한 집과 안전한 거처와 조용히 쉬는 곳에 있으려니와

저를 강하게 하시는 주님,

저를 지켜주시고 보호해주시는 주님.

저를 높여주시고

제게 승리를 주시고

흔들리지 않는 삶을 살게 하시는 주님,

제가 주님을 사랑합니다.

*

시 18:1

나의 힘이신 여호와여 내가 주를 사랑하나이다

06.26

제 마음을 아시는 하나님,

하나님께서 탄식하는 제 기도를 다 들으시고

그런 저를 위해 말할 수 없는 탄식으로

기도하고 계시는 것을 알아요.

그래서 주님 앞에 왔어요.

제가 의지할 분은 주님밖에 없어요.

저는 주님만 믿고 있어요.

주님, 이제 일어나 역사해주세요.

이제 모든 일을 정리해주세요.

모든 상황을 종결시켜주세요.

＊

롬 8:26

이와 같이 성령도 우리의 연약함을 도우시나니
우리는 마땅히 기도할 바를 알지 못하나
오직 성령이 말할 수 없는 탄식으로 우리를 위하여 친히 간구하시느니라

거룩하신 성령 하나님,

아침저녁으로 저의 필요를 채워주시고

어두운 인생길에 환한 등불이 되어주시고

말할 수 없는 탄식으로 중보해주시는

성령님의 은혜로 지금껏 살아왔습니다.

저의 남은 삶도 성령님께 의탁합니다.

성령님의 손길로 안수해주시옵소서.

치유의 기름을 부어주시옵소서.

육신의 질병과 마음의 상처를

깨끗이 치유해주시옵소서.

＊

롬 8:11

예수를 죽은 자 가운데서 살리신 이의 영이 너희 안에 거하시면
그리스도 예수를 죽은 자 가운데서 살리신 이가 너희 안에 거하시는
그의 영으로 말미암아 너희 죽을 몸도 살리시리라

놀라우신 주님,
이제 저의 연약함과 부족함과 실수를
붙들고 사는 것이 아니라
하나님의 크심과 하나님의 도우심과
하나님의 사랑하심을 붙들고 살겠습니다.
지난날 하나님께서 저에게 행하신
놀라운 일들이 기억나고,
제 삶 가운데 행하신 놀라운 은혜가
생각나게 해주시옵소서.

*

시 77:11

곧 여호와의 일들을 기억하며 주께서 옛적에 행하신 기이한 일을 기억하리이다

선한 목자 되신 주님,

우리 목사님이 행복하게 해주시옵소서.

복음이 주는 놀라운 영광과 기쁨을

마음껏 누리게 해주시옵소서.

목사님이 하나님 안에서

온전한 만족을 얻으며

하나님을 기뻐하게 해주시옵소서.

날마다 삶에 감사가 넘치게 하시고

그것이 하나님께 영광 돌리는

삶이라는 것을 기억하게 해주시옵소서.

갈 6:6

가르침을 받는 자는 말씀을 가르치는 자와 모든 좋은 것을 함께하라

즐거운 하루를 허락하신 주님,
화나게 하는 사람 때문에
하루를 망치지 않기로 결심합니다.
화나게 하는 사람을
적절하게 무시하고 신경 쓰지 않을 수 있는
지혜를 주시옵소서.
화나게 하는 것으로부터 멀리 도망칠 수 있는
지혜를 주시옵소서.

✳

잠 22:24
노를 품는 자와 사귀지 말며 울분한 자와 동행하지 말지니

전능하신 주님,

주님께서 저와 함께하시니

저는 실패를 생각하는 대신

주님께서 베푸실

풍성한 삶을 꿈꾸겠습니다.

가장 좋은 선물을 예비해 놓으신

주님을 붙들겠습니다.

＊

약 1:17

온갖 좋은 은사와 온전한 선물이 다 위로부터 빛들의 아버지께로부터 내려오나니
그는 변함도 없으시고 회전하는 그림자도 없으시니라

소망 되신 주님,

제 삶에서 최고의 처방전은

구약과 신약입니다.

사람들의 말보다

하나님의 말씀을 따르겠습니다.

오늘도 생명의 말씀을 들려주시고

하늘의 소망을 부어주시고

부활의 능력을 나타내주시옵소서.

히 4:12

하나님의 말씀은 살아 있고 활력이 있어 좌우에 날선 어떤 검보다도 예리하여
혼과 영과 및 관절과 골수를 찔러 쪼개기까지 하며
또 마음의 생각과 뜻을 판단하나니

제가 기도할 때

응답하겠다 약속하신 주님,

이 시간 부르짖는 저의 기도를

들으시고 응답해주시옵소서.

고단한 제 영혼에 힘을 주시고

지친 마음을 강하게 해주시옵소서.

무기력해진 제 영혼에

하늘의 생기를 불어넣어 주시고,

은혜의 바람을 불어주시옵소서.

시 145:19

그는 자기를 경외하는 자들의 소원을 이루시며
또 그들의 부르짖음을 들으사 구원하시리로다

위대하신 하나님,
제가 인생의 위기 앞에서
핑곗거리를 찾는 사람이 아니라
주님이 얼마나 크신 분인지
선포하는 사람이 되게 해주시옵소서.
아무리 상황이 힘들고 끝이 보이지 않아도
헤쳐나갈 방법과 이겨낼 방법이
주님께 있음을 믿고
담대하게 나아가게 해주시옵소서.

*

시 138:3
내가 간구하는 날에 주께서 응답하시고
내 영혼에 힘을 주어 나를 강하게 하셨나이다

7

July

———— * ————

따라만 해도 기도가 열리고
하루를 살아갈 힘을 얻는
영적 만나의 시간

《따라 하는 기도 365》는
매일 짧은 기도문을 따라 함으로
기도가 열리고 하루를 살아갈 힘을 얻게 하는
영적 만나를 모은 탁상용 캘린더입니다.
〈장재기TV〉 영상의 기도문과
저자의 다음 책들에서 발췌, 편집했습니다.

따라 하는 기도 1　　　따라 하는 기도 2　　　따라 하는 기도 3 구약편

따라 하는 기도 4 감사　따라 하는 기도 5 고난

장재기
mosesjk@naver.com

《따라 하는 기도》 시리즈의 저자인 그는
유튜브 〈장재기TV〉에서 24만 구독자와 소통하며,
기도를 갈망하면서도 뭐라 기도할지 모르는 이들이
기도를 따라 하는 것만으로도 기도의 말문이 트이고
깊고 막연한 간구를 자신의 구체적인 언어로
고백할 수 있도록 돕고 있다.

저서로 《따라 하는 기도 1》, 《따라 하는 기도 2》,
《따라 하는 기도 3 구약편》, 《따라 하는 기도 4 감사》,
《따라 하는 기도 5 고난》, 《따라 하는 기도를 내 마음에 적다》
및 《따라 하는 가정예배》가 있다.

▶ 장재기TV
◉ changjaeki